THE VOCAL LIBRARY

Accompaniment CDs

Low Voice

Anthology of Spanish Song

with Accompaniment CDs

Edited by Maria DiPalma & Richard Walters

Accompaniment recordings by Laura Ward

Translations by James T. Abraham and Mark Bates

D1591413

Cover painting: Velasquez, *Musicians*, 1617

ISBN 978-1-4803-6725-8

HAL•LEONARD®
CORPORATION
7777 W. BLUEMOUND RD. P.O. BOX 13819 MILWAUKEE, WI 53213

Visit Hal Leonard Online at
www.halleonard.com

Contents

Pianist on the CDs: Laura Ward

ABOUT THE COMPOSERS

Fermin Maria Alvarez (d.1898)

Alvarez was a prolific nineteenth century Spanish composer who wrote over 100 songs and many works for piano. Little is known about his life. "La partida" is his most popular song and was recorded by such vocal legends as Amelita Galli-Curci, Rosa Ponselle, Enrico Caruso and José Carreras.

Anonymous

"Cancion de cuna" is from a tonadilla entitled *El gurrumino* (The Jealous Husband), which was written in 1762. It is typical of the entertainments produced in Spain during the Baroque period.

Francisco Asenjo Barbieri (1823-1894)

In addition to his accomplishments as a zarzuela composer, Barbieri was also a conductor, impresario, and music scholar centered in Madrid. In 1866 he conducted the first complete performances of Beethoven symphonies in Spain, and was the first musician seated in the Real Academia Española. Barbieri's compositional style is influenced by his early experience as a baritone singing Italian opera. "De que me sirve" is from a zarzuela, *Los diamantes de la corona* (The Diamonds in the Crown), which is based on a French play by Eugene Scribe. Written in 1854, the plot deals with a court intrigue during the regency after the death of José I of Portugal (1777). Catalina is revealed to be the true Queen Maria and not the court maid of honor. Italian lyrical style is used to depict the depth of her suffering upon her realization that as monarch, she is no longer free to choose her own husband.

Manuel de Falla (1876-1946)

Manuel de Falla was able to meld the essence of the Spanish folk song with early twentieth century French compositional techniques. His early years of musical training and composition in Spain culminated in 1905 when the Real Academia de Bellas Artes de San Fernando sponsored a contest for a Spanish opera which Falla won with *La vida breve* (The Brief Life). In 1907 he went to France for a seven day concert tour and stayed seven years. His exposure to impressionism in music proved to be the greatest influence on him as a composer. In Paris he was introduced to Ravel, Stravinsky, Debussy and Dukas as well as other important figures of the cultural life of that city. *Siete canciones populares españolas* (Seven Popular Spanish Songs) was completed in 1914 while still in Paris. He based these songs on Spanish folk material representing the various regions of the country. The accompaniments are pianistic, containing modal sonorities and creative treatment of the original melodic material. The *Siete canciones* have found a place in the standard repertoire internationally and have been orchestrated.

Enrique Granados (1867-1916)

Granados was a Catalan by birth. His family moved to Barcelona where he began his musical studies. Eventually he became a piano student of Joan Pujol, the teacher of Albéniz. Even though he studied Spanish musicology with the eminent Felipe Pedrell and the nationalistic folk music, he was in essence self-taught as a composer. A scholarship allowed Granados to spend 2 years as an "auditeur" at the Paris Conservatoire. In 1890 he returned to Barcelona to establish himself as a pianist. His first national success as a composer came in Madrid with the premiere of his first opera, *María del Carmen,* in 1898. His piano career also blossomed, appearing frequently in recital, concerto performances and chamber music with other prominent musicians such as Camille Saint-Saëns and Pablo Casals, and was also known for his impromptu improvisation at the keyboard. In 1909 Granados began work on the piano suite *Goyescas,* with which he achieved international recognition in 1914 after its Paris premiere. This piece was expanded into an opera which was premiered at the Metropolitan Opera in New York in 1916. Its success resulted in an invitation to Granados to perform for

President Wilson in Washington D.C. Unfortunately, this caused him to miss the ship on which he had booked passage back to Spain. Instead, he sailed to Europe for his return on the *HMS Sussex*, which was torpedoed in the English Channel. Granados was rescued but then drowned in a desperate and futile attempt to save his wife. Granados' music is rooted in a blend of Spanish nationalism, Spanish historical musical characteristics and European compositional tradition. His great contribution to vocal literature is the twelve *Tonadillas* of 1910-1911, inspired both by the theme of romantic love and etchings of Francisco Goya, though it is not a cycle in the true sense of the word.

Edward Kilenyi (1884-1968)

Kilenyi was a Hungarian composer and pedagogue who studied in Budapest and Cologne and in Italy with Mascagni. In 1908 he emigrated to the U.S. and enrolled in Columbia University, where he received a M.A. in composition. He moved to Hollywood in 1930 where he composed for films and taught, including 5 years as George Gershwin's instructor. These song arrangements date from 1914 when, along with compiler Eleanor Hague, Kilenyi edited and arranged folk songs collected in Mexico and South America in the early years of the twentieth century. "Noce serena," "La paloma blanca," "Pregúntale a las estrellas," "La seña" and "La calle de la paloma" are from the area of Mexico City. "Encantadora Maria" and "Mi sueño" were collected in south-western Mexico near Oaxaca. *El trobador* is from the southern part of California and *El galán incógnito* was heard throughout the above areas. This was probably one of the first attempts for a schooled musician to put Mexican and South American folk material into concert form.

Pedro Miguel Marqués (1843-1918)

Marqués was best known during his lifetime as an orchestral composer. He was the only major nineteenth century Spanish composer to compose five full symphonies, as well as many other large scale orchestral works. His talent as a violinist led to study at the Paris Conservatory in 1861, which included orchestration lessons with Hector Berlioz, and the opportunity to play in the orchestras of the Grand Opera and the Théatre Lyric. In addition to his composition of orchestral works upon his return to Spain in the late 1860s, Marqués also wrote numerous zarzuelas. His most popular one, first performed in 1878, was *El anillo de hierro* (The Ring of Iron). It is set in the eighteenth century on the Norwegian coast. In "Lagrimas mías", an excerpt, Margarita, the aristocratic English heroine, laments that her love for Rodolfo, who seems to be just a local fisherman, is doomed.

Luis Misón (1727-1776)

Once thought to have been the first composer of the *tonadilla escénica*, Misón is certainly one of the earliest. He was flautist and oboist in the Madrid Royal Chapel early in his career. While he wrote music in many genres, including about a dozen sonatas for flute and strings and settings of Metastasio librettos translated into Spanish, his reputation as a composer rests on more than 80 tonadillas, most of which are to his own texts. "Seguidilla dolorosa de una enamorada" is from the tonadilla *Una mesonera y un arriero* (The Hand Maiden and the Hunter), written in 1757.

Fernando Obradors (1897-1945)

Spanish composer Obradors looked to the past for inspiration. His success was due to an ability to capitalize on the popular concepts of what constitutes a "Spanish song." He was born in Barcelona and was self-taught in harmony, counterpoint and composition and studied piano with his mother. He was the conductor of the Liceo and Radio Barcelona Orchestras and the Philharmonic Orchestra of Gran Canaria. While Obradors wrote zarzuela and symphonic works, his best known music is the *Canciones clásicas españolas* (Classic Spanish Songs).

Juan Ríos Ovalle

Ovalle was a native of Ponce, Puerto Rico and was well-known there in the late nineteenth and early twentieth centuries as a clarinetist and composer. Although his exact dates are not known, it is presumed that he was born in the mid-1800s and lived into the first third of the 1900s. His music is distinguished by its lyric line and melodic flow. Ovalle's interest in both his native dance forms and popular North American dances of the period are evident. "Amor bendito," written in 1902, is a good example of the influence of traditional dance on Ovalle's compositional style.

José Palomino (1755-1810)

Palomino began his career as a violinist at the Spanish Royal Chapel at an early age. He also became a successful composer of the tonadilla while at the Spanish Court. At the age of nineteen, Palomino emigrated to Lisbon, where he became a distinguished violin teacher and composer for the court and theatre there. The Napoleonic invasion forced him to leave Portugal and accept a position in Las Palmas as *maestro de capilla*. He died two years later. "Canción picaresca" is from a short solo tonadilla, *El canapé* (The Turkish Sofa), which has four numbers. It was composed when Palomino was 14 years old and was one of his most popular works.

Manuel Pla (d.1766)

Manuel Pla was one of three brothers who made names for themselves as instrumentalists in the Spanish courts. Manuel was an oboist and is documented as also being a fine keyboard player, more proficient than his brothers as both an oboist and composer. His list of works includes sinfonias, concertos, chamber music, masses, zarzuelas and tonadillas. Pla wrote both serious and comic stage music including settings of Metastasio opera librettos. "Seguidillas religiosas" is a song from a religious play *La lepra de Constantino* (The Leper of Constantinople), thought to have been written in 1757.

Antonio Rosales (1740-1801)

Despite his great popularity, Rosales never rose above the rank of *músico secudario* in the hierarchy of the Spanish theatre. Between 1762 and 1791 he wrote 150 tonadillas. He also achieved much success as a zarzuela composer, with some of his works remaining popular into the Napoleonic era. One of the main reasons for his popular appeal was an ability to incorporate street songs of the day into his music, and a use of topical themes for his tonadillas, with frequent changes in dialogue to stay abreast of the latest news. "Canción contra las madamitas gorgoriteadoras" is sung by the tenor Tuno in the tonadilla *El recitado* (The Recitative). This tonadilla is a parody of the Italian operatic style, particularly the recitative.

Joaquín Turina (1882-1949)

Turina is often paired with his compatriot Falla. However, superficial parallels aside, Turina dedicated himself to writing music that aspired to a European standard, using conventional forms such as the symphony and chamber music for strings and piano. His list of vocal works includes many songs, stage works and sacred pieces. The songs typically feature challenging piano accompaniments and interludes. He also wrote for film. After beginning piano study and composition lessons in Paris at the Schola Cantorum with Vincent D'Indy in 1905, Turina was influenced by Albéniz and Falla to seek compositional inspiration in Spanish popular music. Upon his return with Falla to Spain in 1914, Turina attained high regard as a composer. His songs remain popular, even though his fame in general has waned. "Rima" is Op. 6, written in 1914, not to be confused with another song of the same title which is number 3 of *Tres arias*, Op. 26 from 1923. They are settings of different poems by Gustavo Adolfo Béquer.

Jacinto Y La Calle Valledor (1744-1809)

A contemporary of Rosales, Valledor struggled to attain a premier position in the musical theatres of Madrid. He was born into a famous theatrical family and married a famous intertpreter of tonadillas. Of his many stage works only 25 tonadillas survive, some are among the most successful in the genre. "Canciíon de tímida" is from *El apasionado* (The Passionate One), written in 1768.

NOTES ON SPANISH MUSICAL FORMS

Tonadilla

Literally, *tonadilla* is the diminutive of the Spanish word for song, *tonada*. Originally it was the term for a strophic song which usually preceded a dance in the eighteenth and early nineteeth century Spanish theatre. These grew into longer dramatic songs played in between the acts of a play. By around 1750 in Madrid the genre developed into an entertainment somewhat akin to the Neapolitan intermezzo, usually requiring one to four singers, with characters and plots drawn from every day life. These longer works are often termed *tonadilla escénica*.

Zarzuela

The zarzuela is an extremely popular form of Spanish musical theatre which contains spoken dialogue. It has its origins in the mid-seventeenth century, and is a parallel form to the ballad opera in England and the German *Singspiel*. By the nineteenth century it had developed into a form similar to the operetta. The zarzuela remained an important genre for Spanish and Latin American composers until the middle of the twentieth century, prominent as one of the major forms of Spanish theatrical entertainment.

La partida

La partida

Sierras de Granada,
Montes de Aragón,
Campos de mi patria,
para siempre adiós, adiós,
para siempre adiós.
Dé la Patria los últimos ecos,
los últimos ecos resonando en mi pecho
estarán en mi pecho estarán,
Y mis ojos llorando pesares,
llorando pesares,
Sus dolores ¡ay!
sus dolores al mundo dirán.

A destierro y ausencia constante,
Me condenan tiranos de amor,
tiranos de amor,
Unos ojos del alma enemigos,
del alma enemigos
Mensajeros, ¡ay!
Mensajeros de un pecho traidor, ah!
Cuando a tus playas vuelva,
suelo adorado,
Las aguas del olvido me habrán curado
Y si así no sucede,
¡Triste de mí, triste de mí!
A la patria que dejo vendré a morir
Vendré a morir.

Sierras de Granada,
Montes de Aragón,
Campos de mi patria,
para siempre adiós, adiós,
¡para siempre adiós!

The farewell

Mountains of Granada,
Hills of Aragón,
Fields of my homeland,
Forever goodbye, goodbye,
Forever goodbye.
From my homeland the last echoes,
The last echoes resounding in my chest
Will dwell in my chest, will dwell,
And my eyes weeping sorrows,
Weeping sorrows,
Their grief oh!
Their grief to the world will proclaim.

To exile and enduring absence,
Condemn me tyrants of love,
Tyrants of love,
Eyes of the soul of an enemy,
Of the soul of an enemy,
Messengers, oh!
Messengers of a treacherous heart, oh!
When to your beaches I return,
Beloved shore,
The waters of oblivion will have cured me
And if thus it does not happen,
Poor me, poor me!
To the land I leave I will return to die,
I will return to die.

Mountains of Granada,
Hills of Aragón,
Fields of my homeland,
Forever goodbye, goodbye,
Forever goodbye!

E. Blasco

Fermin Maria Alvarez
(d. 1898)

meno allegro

Sie-rras de Gra - na - - - - - - - da,

Allegro

meno allegro

Mon-tes de A - ra - gón, _____

a tempo

Sus _____ do - lo - res ¡ay!

a tempo

Allegro

sus do - lo - res al mun - do di - rán.

col canto

rit.

a tempo

14

16

18

Canción de cuna
from *El gurrumino*

Canción de cuna

Duérmete, hijo de mi alma,
duérmete un poco,
porque si no te duermes
llamaré al coco.
A la rorro, rororró
a la rorro, rororró,
bendita, bendita sea la madre
que te parió
bendita, bendita sea la madre
que te parió.

Duérmete, hijo de mi vida,
que el coco viene,
y se lleva a los niños
si no se duermen.
A la rorro, rororró,
a la rorro, rororró,
bendita, bendita sea la madre
que te parió
bendita, bendita sea la madre
que te parió.

Song of the cradle

Go to sleep, dear child,
Sleep for a while,
because if you don't go to sleep
I'll call the Boogeyman.
For the baby, little baby,
For the baby, little baby,
Blessed, blessed be the mother
That gave you birth,
Blessed, blessed be the mother
That gave you birth.

Go to sleep, sweet child,
The Boogeyman is coming,
And he makes off with the children,
If they don't go to sleep.
With the baby, little baby,
With the baby, little baby,
Blessed, blessed be the mother
That gave you birth,
Blessed, blessed be the mother
That gave you birth.

Anonymous
(1762)

rró, ben -di -ta, ben -di -ta sea la ma -dre que te pa -

rió ben -di -ta, ben -di -ta sea la ma -dre que te pa -

rió.

(rall.)

De que me sirve

from *Los diamantes de la corona*

De que me sirve, oh! cielo	*What does it serve me, oh, heaven*
el trono y su esplendor,	*The throne and its splendor,*
si cuesta la corona la paz del corazón,	*If the crown costs peace of the heart,*
si cuesta la corona la paz del corazón,	*If the crown costs peace of the heart,*
del corazón, ah.	*Of the heart, oh.*
Sus tiernas quejas dice el pastor	*His tender laments says the shepherd*
a la zagala que enamoró,	*To the shepherd girl he came to love*
y hasta el mendigo tiene elección	*And even the beggar has a choice*
cuando abre el alma a un casto	*When he opens his soul to a pure,*
a un casto amor.	*To a pure love.*
Ay, todos hallan decha solo la Reina no,	*Oh! All find it so, only the Queen does not,*
todos hallan decha pero la Reina no.	*All find it so, only the Queen does not.*
Huye del alma grata ilusión,	*Flees from the soul the pleasant illusion,*
huye del alma grata ilusión,	*Flees from the soul the pleasant illusion*
que el pecho mío acarició,	*That my chest caressed,*
débil y amante mi corazón	*Weak and loving my heart*
riega con lágrimas su último adiós,	*Waters with tears its last goodbye,*
reiga con lágrimas su último adiós.	*Waters with tears its last goodbye.*
Ay, todos hallan decha solo la Reina no,	*Oh, all find it so, only the Queen does not,*
todos hallan decha pero la Reina no,	*All find it so, only the Queen does not,*
solo la Reina no.	*Only the Queen does not.*
Todos tienen goces, ah!	*All have pleasure, oh!*
sí pero la Reina no.	*Indeed but the Queen does not.*

D. F. Camprodon

Francisco Asenjo Barbieri
(1823-1894)

Andante

mor.   Ay, to-dos ha-llan de - cha   so - lo la Rei-na

p

no,   to - dos ha - llan de - cha pe - ro la Rei - na

cresc.   *col canto*

no.   Hu - ye del

dolce.

al - ma   gra - ta i - lu sión,   hu - ye del

26

El paño moruno

El paño moruno

Al paño fino, en la tienda,
Al paño fino, en la tienda,
Una mancha le cayó;
Una mancha le cayó;
Por menos precio se vende,
Por menos precio se vende,
Porque perdió su valor.
Porque perdió su valor.
¡Ay!

The moorish cloth

On the fine cloth, in the store
On the fine cloth, in the store
A stain set in
A stain set in
For a lower price it is sold
For a lower price it is sold
Because it has lost its value
Because it has lost its value
Oh!

Spanish Folk Poetry

Manuel de Falla
(1876 - 1946)

Seguidilla murciana
Siete canciones populares españolas

Seguidilla murciana	*Murcian seguidilla*
Cualquiera que el tejado	*He whose roof*
Tenga de vidrio,	*Is made of glass,*
No debe tirar piedras	*Should not throw rocks*
Al del vecino	*At his neighbor's.*
Arrieros semos;	*Muleteers are we;*
Puede que en el camino,	*Perhaps on the road,*
Puede que en el camino,	*Perhaps on the road*
¡Nos encontremos!	*We shall meet!*
Por tu mucha inconstancia	*Because of your great inconsistency*
Yo te comparo	*I compare you,*
Yo te comparo	*I compare you,*
Por tu mucha inconstancia	*Because of your great inconsistency*
yo te comparo con peseta que corre	*I compare you to a coin that passes*
De mano en mano	*From hand to hand*
Que al fin se borra,	*That at last is worn off,*
y creyéndola falsa	*And believing it false,*
y creyéndola falsa	*And believing it false,*
¡Nadie la toma!	*No one will take it!*
¡Nadie la toma!	*No one will take it!*

Spanish Folk Poetry

Manuel de Falla
(1876-1946)

mos!

(come prima)

Por tu mu - cha in -cons - tan -

cresc. molto

cia Yo te com - pa - ro

cresc.

ff p

sordina sola

36

Asturiana

Siete canciones populares españolas

Asturiana

Por ver si me consolaba
Arrímeme a un pino verde
Por ver si me consolaba
Por verme llorar, lloraba.
Y el pino como era verde
Por verme llorar, lloraba.

Asturian song

To see if it would console me,
Tie me up to a green pine
To see if it would console me
Upon seeing me cry, it cried.
The pine tree, because it was green,
Upon seeing me cry, it cried.

Spanish Folk Poetry

Manuel de Falla
(1876-1946)

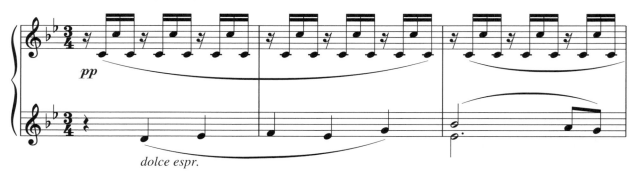

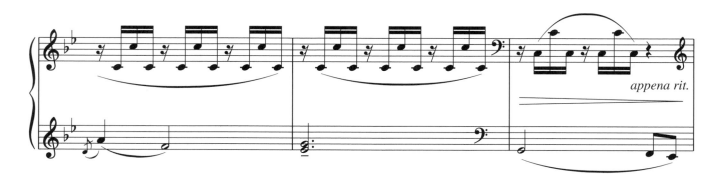

41

Jota

Siete canciones populares españolas

Jota

Dicen que no nos queremos,
Dicen que no nos queremos
porque no nos ven hablar;
A tu corazón y al mío
Se lo pueden preguntar.
Dicen que no nos queremos
porque no nos ven hablar.
Ya me despido de tí,
Ya me despido de tí,
De tu casa y tu ventana
Y aunque no quiera tu madre,
Adiós, niña, hasta mañana.
Ya me despido de tí
Aunque no quiera tu madre…

Jota

They say we don't love each other,
They say we don't love each other
Because they don't see us talk,
Your heart and mine,
They can ask them.
They say we don't love each other
Because they don't see us talk.
Now I take my leave of you,
Now I take my leave of you,
Of your house and your window,
And although your mother doesn't approve,
Goodbye, dear, until tomorrow.
Now I take my leave of you,
Although your mother doesn't approve…

Spanish Folk Poetry

Manuel de Falla
(1876-1946)

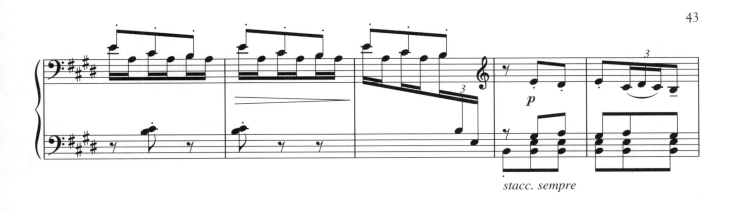

stacc. sempre

cresc.

f

cresc.

Poco meno vivo che (♪ = ♪)

(♩=96) *f*

Di - cen que no nos que -

poco rit.

re - mos, _____ Di - cen que no nos que-

re - mos _____ por - que no nos ven ha -

blar; _____ A tu co - ra - zón y al

mí - o Se _____ lo pue - den pre - gun -

46

Tempo come prima
[Poco meno vivo che (♪ = ♪)]
♩ = 96

Ya me des-pi-do de

48

una corda

ppp

[R.H.]

Tranquillo (♩ = 76)

pp lontano

Aun - que

perdendosi

poco rit.

no quie - ra   tu   ma -   dre...

rit. molto

pp

ppp

Ped.

8vb

Nana

Siete canciones populares españolas

Nana

Duérmete niño, duerme,
duerme mi alma
Duérmete lucerito,
De la mañana nanita, nana, nanita, nana
Duérmete lucerito,
De la mañana.

Nursemaid

Go to sleep child, sleep,
Sleep my precious,
Go to sleep little light.
In the morning, nanita, nana nanita, nana,
Go to sleep little light,
In the morning.

Spanish Folk Poetry

Manuel de Falla
(1876-1946)

51

Canción

Siete canciones populares españolas

Canción

Por traidores, tus ojos,
Voy a enterrarlos;
Por traidores, tus ojos,
Voy a enterrarlos;
No sabes lo que cuesta,
"Del aire"
Niña, el mirarlos
"Madre, a la orilla"
Niña, el mirarlos
"Madre"
Dicen que no me quieres,
y a me has querido…
Dicen que no me quieres,
y a me has querido…
Váyase lo ganado
"Del aire"
Por lo perdido.
"Madre a la orilla"
Por lo perdido.
"Madre"

Song

Because they are traitors, your eyes,
I'm going to bury them;
Because they are traitors, your eyes,
I'm going to bury them.
You don't know what it cost,
"In the air!"
Dear, to see them,
"Mother, on the edge,"
Dear, to see them,
"Mother,"
They say you don't love me,
And me you have loved…
They say you don't love me,
And me you have loved…
Away with what was won,
"In the air"
For what was lost.
"Mother on the edge,"
For what was lost,
"Mother."

Spanish Folk Poetry

Manuel de Falla
(1876-1946)

come prima

o - jos, Voy a en - te - rrar - los; ____

No sa - bes lo que cues - ta, "Del ai - re"

p   *dolce | marc.*

appena rit.

Ni - ña, el mi - rar - los "Ma - dre, a la o - ri - lla"

appena rit.

a tempo   *breve poco rit.*

Ni - ña, el mi - rar - los "Ma - dre" ____

breve   *poco rit.*

a tempo   *breve*

a tempo

pp
a tempo

Di - cen que no me

senza rit.

quie - res, ya me has que - ri - do... ___

Di - cen que no me quie - res, ya me has que -

Polo

Siete canciones populares españolas

Polo	Polo (Andulusian Song)
¡Ay!	*Oh!*
Guardo una "¡Ay!"	*I keep an "oh!"*
Guardo una pena en mi pecho	*I keep sorrow in my chest,*
"¡Ay!"	*"Oh!"*
¡Que a nadie se la diré!	*No one will I tell, so be it.*
¡Malhaya el amor, malhaya,	*A curse on love, a curse,*
Y quien me lo dió a entender!	*And who can make me understand it?*
"¡Ay!"	*"Oh!"*

Spanish Folk Poetry

Manuel de Falla
(1876-1946)

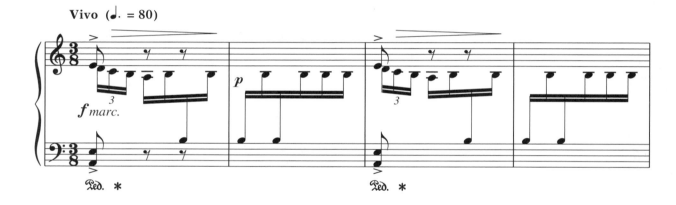

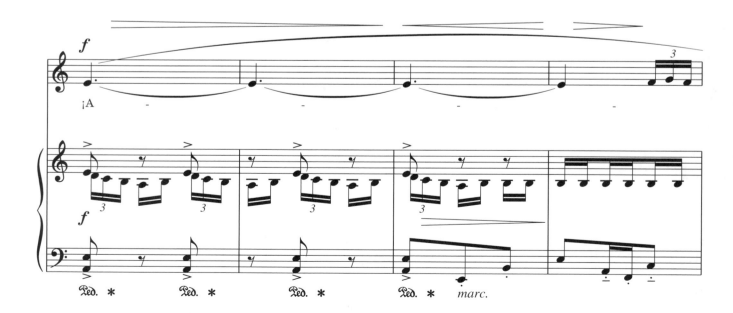

come prima

℘ed. *   marc.   ℘ed.   come prima

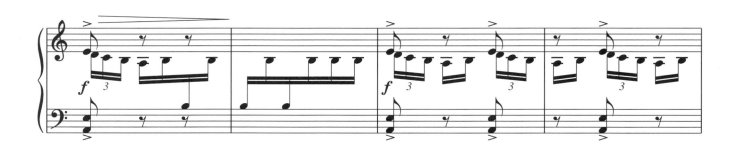

¡Mal - ha - ya el a - mor, mal -

℘ed. *(senza sord.)*

ha - ya,_____ Mal - ha - ya el a - mor, mal -

cresc.

Canción Andaluza: El pan de Ronda

Canción Andaluza: El pan de Ronda

Aunque todo en el mundo fuese mentira
¡nos queda este pan!
Moreno, tostado, que huele a la jara de monte,
¡que sabe a verdad!
Por las calles tan blancas, bajo el cielo azul,
vayamos despacio, partiendo este pan
¡que sabe a salud!
Y aunque todo en el mundo fuera mentira,
¡esto no lo es!
Vivamos despacio la hora que es buena,
¡y vengan tristezas después!

Andalusion Song: The Bread of Ronda

Although everything in the world were a lie,
We still have this bread!
Brown, toasted, it smells of the mountain flower.
It tastes of truth!
Along the streets so white under the sky of blue,
Let's go slowly, breaking this bread
That tastes of health!
And although everything in the word were a lie,
This is not!
Let us live slowly the hour that is good,
And let sadness come later!

Gregorio Martinez Sierra
(1881-1947)

Manuel de Falla
(1876-1946)

to - do en el mun - do fue - se men - ti - ra ¡nos que - da es - te

pan! Mo - re - no, tos - ta - do, que

poco affrett.

hue - le a la ja - ra de mon - te, ¡que sa - be a ver -

poco rit.

colla voce

poco rit.

a tempo

dad! Por las

a tempo

66

Olas gigantes

Olas gigantes	*Gigantic waves*
Olas gigantes	*Gigantic waves*
que os rompéis bramando	*That crest raging*
en las playas desiertas y remotas,	*Upon the beaches, deserted and remote,*
envuelto entre las sábanas de espuma	*Wrapped in sheets of foam,*
¡llevadme con vosotras!	*Take me with you!*
Ráfagas de huracán que arrebatáis	*Gusts of a hurricane that carry away*
del alto bosque las marchitas hojas,	*From the tail forest the withered leaves,*
arrastrado en el ciego torbellino,	*Dragged through the blind whirlwind,*
¡llevadme con vosotras!	*Take me with you!*
Nubes de tempestad	*Clouds of storm*
que rompe el rayo	*That breaks into lightning,*
y en fuego ornáis	*And in fire adorn*
las desprendidas olas,	*The detached waves,*
arrebatado entre la niebla oscura,	*Tossed into the dark mist,*
¡llevadme con vosotras!	*Take me with you!*
¡Llevadme por piedad!	*Take me out of pity!*
Llevadme por piedad a donde el vértigo	*Take, me out of pity to where vertigo,*
con la razón me arranque la memoria.	*With reason set in motion my memory*
¡Por piedad! ¡Por piedad!	*Out of pity! Out of pity!*
¡Tengo miedo de quedarme	*I'm afraid of being*
con mi dolor a solas,	*With my pain, alone,*
con mi dolor a solas!	*With my pain, alone!*

Gustavo Adolfo Bécquer
(1836-1870)

Manuel de Falla
(1876-1946)

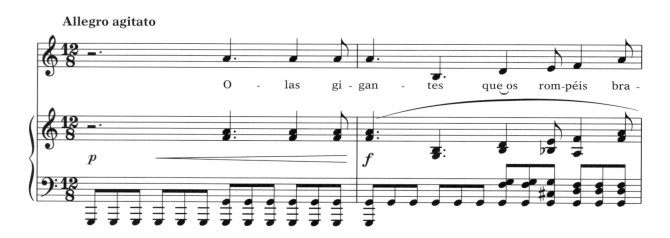

man - do en las pla - yas de-sier - tas y re -

mo - tas, _____ en-vuel - to en-tre las sá - ba - nas de es -

pu - ma ¡lle-vad - me con vo-so - tras!

Rá - fa-gas de hu-ra-cán que a-rre - ba - táis _____ del al - to

68

bos - que las mar-chi-tas ho - jas, a - rras -

tra - do en el cie-go tor-be-lli - no, ¡lle-vad - me con vo -

so - tras! Nu - bes de tem-pes -

tad que rom - pe el ra - yo

y en ____ fue - go or - náis ____ las des - pren - di - das o - las, a - rre - ba - ta - do en - tre la nie - bla os - cu - ra, ¡lle-vad - me con vo - so - tras! ____

70

¡Dios mío, qué solos se quedan los muertos!

¡Dios mío, qué solos se quedan los muertos!

 Cerraron sus ojos que aún tenía abiertos;
taparon su cara con un blanco lienzo;
y unos sollozando, otros en silencio,
de la triste alcoba todos se salieron.
La luz que en un vaso ardía en el suelo,
al muro arrojaba la sombra del lecho;
y entre aquella sombra veíase
A intervalos dibujarse
rígida la forma del cuerpo.
Despertaba el día y a su albor primero
con sus mil ruidos despertaba el pueblo.
Ante aquel contraste de vida y misterios,
de luz y tinieblas, yo pensé un momento:
¡Dios mío,
qué solos se quedan los muertos!

My God, how alone are the dead!

They closed his eyes he still had open,
They covered his face with white linen,
And some sobbing, others in silence,
From the sad chamber departed.
The light that burned in a glass on the floor,
On the wall cast the shadow of the bed,
And in that shadow one could see,
Intermittently drawn,
The rigid form of the body.
The day was dawning and at its first light,
With its thousand sounds woke the town.
Before that contrast of life and mystery,
Of light and darkness I reflected a moment:
My God,
How alone are the dead!

Gustavo Adolfo Becquer
(1836-1870)

Manuel de Falla
(1876-1946)

74

rí - gi-da la for - ma del cuer - po.

Des - per - ta ba el dí - a y a su al - bor pri -

me - ro con sus mil rui - dos des-per-ta-ba el pue - blo. An-te a-quel con -

tras - te de vi - da y mis - te - rios, de luz y ti - nie-blas, yo pen-sé un mo -

rit.   *sentido*

men - to: ____ ¡Dios mí - o, qué so - los se que-dan los muer-tos! ___

Oración de las madres que tienen a sus hijos en brazos

Oración de las madres que tienen a sus hijos en brazos	*Song of the mothers that hold their children in their arms*

¡Dulce Jesús, que estás dormido!	*Sweet Jesus, you are sleeping!*
¡Por el santo pecho	*By the holy breast*
que te ha amamantado,	*That suckled you,*
te pido que este hijo mío no sea soldado!	*I pray that this my son not be a soldier!*
Se lo llevarán,	*They will take him away,*
¡y era carne mía!	*And he was my flesh!*
Me lo matarán,	*They will kill him,*
¡y era mi alegría!	*And he was my happiness!*
Cuando esté muriendo, dirá:	*When he's dying he'll say:*
¡Madre mía!	*Mother of mine!*
Y yo no sabré la hora ni el día.	*And I will not know the hour nor the day.*
¡Dulce Jesús, que estás dormido!	*Sweet Jesus, you are sleeping!*
¡Por el santo pecho	*By the holy breast*
que te ha amamantado,	*That suckled you,*
te pido que este hijo mío no sea soldado!	*I pray that this my son not be a soldier!*

Gregorio Martinez Sierra
(1881-1947)

Manuel de Falla
(1876-1946)

Preludios

Preludios

Madre, todas las noches junto a mis rejas
canta un joven llorando indiferencia:
"Quiéreme, niña,
y al pie de los altares serás bendita."
Esta dulce tonada tal poder tiene
que me pone al oírla triste y alegre;
¿Di por que causa
entristecen y alegran estas tonadas?

"Hija, lo que las niñas como tú sienten
cuando junto a sus rejas a cantar vienen
es el preludio del poema
más grande que hay en el mundo.
Tornada en Santa Madre la Virgen pura
tristezas y alegrías en ella turnan,
y este poema es niña
el que ha empezado junto a tus rejas
y este poema es niña
el que ha empezado junto a tus rejas."

Preludes

Mother, every night by my window
Sings a young man, weeping in apathy,
"Love me, my sweet
And at the foot of the altar you will be blessed."
This sweet melody, such power it has
That it makes me, upon hearing it, sad and happy.
Tell me for what reason
I'm made sad and happy by these melodies.

"My dear, what young women like you feel,
When by windows to sing they come,
Is the prelude of a poem,
The greatest that there is in the world.
Returned to our Holy Mother Virgin pure,
Sadness and happiness in it alternate,
And this poem is a child
That began by your window,
And this poem is a child
That began by your window."

Antonio de Trueba
(1819-1889)

Manuel de Falla
(1876-1946)

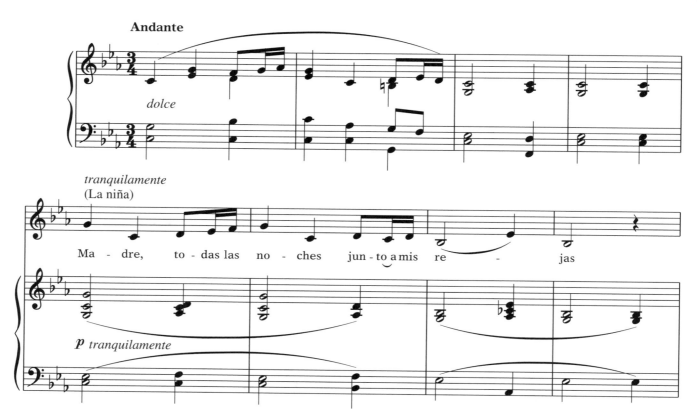

can ta un jo - ven llo - ran - do in - di - fe - ren - cia:

f "Quié - re - me, ni - ña, y al pie de los al - ta - res se - rás ben -

di - ta." "Quié - re - me, ni - ña, y al pie de los al -

algo mas movido

ta - res se - rás ben - di - ta." Es - ta dul - ce to - na - da tal po - der

algo mas movido

84

tur - nan,   y es - te   po - e - ma   es   ni - ña el que ha em-pe -

za - do jun-to a tus   re - jas   y es - te   po - e - ma   es   ni -ña el que ha em-pe -

za - do   jun-to a tus   re -   jas." _____

Amor y odio
(Tonadilla)

Amor y odio

Pensé que yo sabría ocultar la pena mía
que por estar en lo profundo
no alcanzará a ver el mundo:
este amor callado que un majo malvado
en mi alma encendió.
Y no fue así porque el vislumbró
el pesar oculto en mí.
Pero fue en vano que vislumbrará
pues el villano mostróse ajeno de que le amara.
Y esta es la pena que sufro ahora:
sentir mi alma llena
de amor por quien me olvida,
sin que una luz alentadora
surja en las sombras de mi vida.

Love and hate

I thought that I would know how to hide my sorrow,
that being in the depths,
it would not reach to see the world.
This quieted love that a wicked majo
in my soul ignited.
And it wasn't thus because he caught sight of
the grief hidden in me.
But it was in vain, he will surmise,
since the villain showed himself unaware that I loved him.
And this is the sorrow that I suffer now:
to feel my soul full
of love for someone who forgets me,
without an encouraging light
to appear in the shadows of my life.

Fernando Periquet
(1873-1940)

Enrique Granados
(1867-1916)

Pen - sé que yo sa - brí - a o - cul - tar la pe - na

mí - a   que por es - tar en lo pro-fun - do   no al-can -

za - rá a __ ver el mun - do: es-te a-mor ca - lla - do   que un ma-jo mal -

va - do   en mi al-ma en-cen-dió.   Y no fue a - sí

por - que el vis - lum - bró   el pe - sar o - cul-to en mí.   Pe - ro fue en

Fine

va - no que _ vis - lum - bra - rá pues _ el vi - lla - no mos -

tró - se a - je - no de que le a - ma - ra. Y es-ta es la pe - na que _ su - fro a -

espress.

ho - ra: sen - tir mi al - ma lle - na de a - mor por

pochettino rall.

D.C. al Fine

quien me ol-vi-da, sin que u-na luz a-len-ta-do-ra _ sur-ja en las som-bras de mi vi - da.

pochettino rall.

f   *p*

Callejeo

(Tonadilla)

Callejeo

Dos horas ha que callejeo,
pero no veo nerviosa ya sin calm,
al que le di confiada el alma.
No vi hombre jamás
que mintiera más
que el majo que hoy me engaña;
mas no le ha de valer,
pues siempre fui mujer de maña.
Y si es menester,

correré sin parar tras él, entera España.

Street-rambling

Two hours I have been walking the streets,
but I don't see, nervous and without calm,
him to whom I gave trusting my soul.
I have never seen
someone who lies more
than the majo who today tricked me.
But he will find it doesn't matter
since always I was a woman of cunning.
And if it is necessary,
I will run without stopping behind him all over Spain.

Fernando Periquet
(1873-1940)

Enrique Granados
(1867-1916)

90

no le ha de va - ler, pues _ siem-pre fui _ mu-jer de ma - ña.   Y si

es me-nes-ter,   co - rre _ ré   sin pa - rar _____ tras _____

él, en - te - ra Es - pa - ña.

La maja de Goya

La maja de Goya

De Goya sabréis sin duda,
Que fue un pintor sin igual;
Pero no que fue un gallardo
Y desenvuelto galán.

Por su estudio desfilaron,
Desde la manola audaz
Hasta la dama tapada,
A quien Goya hizo inmortal.

Era ingenioso, y valiente
Hasta la temeridad…
Mezcla de señor y majo
De torero y militar…

En fin, era Goya, y Goyas
Hizo Dios uno y no más.
caballero cual nadie
Amador tierno y audaz…

Y lo que ocurrió á aquel hombre
Ahora mismo a escuchar vais;
Que los hombres de estos tiempos
Oigan, comparen y ¡en paz!

A una dama, gran señora
y muy famosa beldad,
Allá, junto al Manzanares,
Enseñóla Goya á amar.

Cierta mañana de Julio
De limpidez estival
Goya y la dama del cuento
Dialogaban a la par.

El, que en todo era un artista,
Mirábala con afán,
En ese traje sin traje
Unico que Dios nos da.

Rompen de pronto el silencio
Tres golpes que fuera dan
Y una voz que dice firme:
Abrid á quien no esperáis.

Y antes de que la sorpresa
Permitiera razonar
Cedió al empuje la puerta
Y un hombre asomó la faz.

Sólo pudo la cabeza
La hermosa dama tapar:
El resto de sus encantos
Quedaron en libertad.

Goya's maja

Of Goya you know without a doubt
That he was a painter without equal,
But not that he was a daring man
And brazen gallant.

Through his studio they passed,
From the audacious Madrid girl
To the clothed lady,
Whom Goya made immortal.

He was witty and brave
To the point of temerity,
A mixture of noble and common,
Of bullfighter and soldier.

In short, he was Goya, and Goyas
Made God one and no more,
A gentleman like no other,
A lover, tender and audacious.

And what happened to that man
Now hear you will;
May the men of these times
Listen, compare, and lay it to rest!

A woman, a grand lady
And very famous beauty,
There by the Manzanares River
Was taught by Goya to love.

A certain morning in July,
Full of summer's clearness,
Goya and the lady of the story
Spoke together.

He, who was after all an artist,
Watched her with desire,
In that suit which has no suit,
The only one God gives us.

The silence broken suddenly
By three knocks from outside,
And a voice that said firmly,
"Open for whom you are not expecting."

And before surprise
Allowed him to reason,
Gave way to a push the door
And a man showed his face.

Only her head
The beautiful woman could cover;
The rest of her charms
Remained in plain view.

Goya interpuso su cuerpo
Entre ella y su gavilán,
Que era el marido celoso,
Como ya se supondrá.

-¿Que queréis?-pregunta Goya-
-la hembra que me arrebatáis.
-¿es vuestra? el pintor replica.
-La ley me la dió por tal.

-Si es vuestra-le arguye Goya,
Bien hacéis si la buscáis;
Mas ved que la hembra que escucha
No ha sido vuestra jamás…

-Lo veré-dice el celoso;
-No el rostro-dice el galán-
Que si es vuestra, en viendo el cuerpo
Sabréis si es la que buscáis.

Y así fue; que el gran celoso
Dio una vuelta y otra más
En torno de aquel desnudo
De belleza excepcional.

Hasta que no hallando nada
Que le hiciese sospechar,
Saludó, y al salir dijo:
-Me equivoqué; perdonad.

Y así se salvó la dama
De aquel marido tenaz
Que nunca supo cual Goya
De la belleza gozar.

Porque hay maridos que tienen
Cerca de sí una beldad,
Y no saben detallarla
Si por ella preguntáis.

Eso hizo Goya, aquel Goya
Majo, artista y militar,
Que a los hombres dominaba
Y a las hembras mucho más.

Yo no olvidaré en mi vida
de Goya la imagen gallarda y querida.
No hay hembra ni maja o señora
que a Goya no eche de menos ahora.

Si yo hallara quien me amara
como él me amó,
no envidiara, no, ni anhelara
más venturas ni dichas yo.

Goya placed his body
Between her and her hawk,
Who was the jealous husband
As one might imagine.

"What do you want?" asks Goya.
"The woman you steal from me."
"Is she yours?" the painter replies.
"The law gave her to me as such."

"If she is yours," argues Goya,
"Well you do if you seek her."
"But look, the women who listens
Has not been yours ever…."

"I shall see", says the jealous man.
"Not her face", says the gallant.
"That if she is yours, on seeing her body
You will know if she is the one you seek."

And so it was, the very jealous man
Walked around and around again,
Around that nude
Of exceptional beauty…

Until not finding anything
That made him suspect,
He bowed and upon leaving said,
"I was mistaken; pardon me".

And so was saved the lady
From that tenacious husband
That never knew, as did Goya,
Beauty to enjoy.

Because there are husbands that have
Near them a beauty,
And they know not how to give details
If they ask about her.

That's what Goya did, that Goya,
Dandy, artist, and soldier,
That men he dominated
And women even more.

I will not forget in my life
of Goya, the image graceful and loved.
There is no female nor belle nor lady
that does not miss Goya now.

If I find the one who loves me
like he loved me,
I would not envy, no, nor long for
more happiness or good fortune.

Fernando Periquet
(1873-1940)

Enrique Granados
(1867-1916)

Allegretto comodo

1. De Goya sabréis sin duda *etc.*
2. Rompen de pronto el silencio *etc.*

pp [staccato]

[1. Por su estudio desfilaron *etc.*
2. Y antes de que la sorpresa *etc.*]

[1. Era ingenioso, y valiente *etc.*
2. Sólo pudo la cabeza *etc.*]

1. En fin, era Goya, y Goyas *etc.*
2. Goya interpuso su cuerpo *etc.*

[2.—¿Que queréis?–pregunta Goya—*etc.*]

[1. Y lo que ocurrió á aquel hombre *etc.*][2. Si es vuestra–le arguye Goya *etc.*]

*The entire *recitado* is intended to be spoken over this long piano introduction. In order to facilitate an even delivery of verse and music, textual cues have been spaced throughout the score. See the poem and its translation above. The poem and long introduction may be omitted entirely by beginning at the asterisk. (Measure 50)

94

1. A una dama gran señora *etc.*
2. Lo veré dice el celoso *etc.*

[1. Cierta mañana de Julio *etc.*]
[2. Y así se salvó la dama *etc.*]

[1. El, que en todo era un artista *etc.*]
[2. Hasta que no hallando nada *etc.*]

etc.-Me equivoqué; perdonad.

2. Y así se salvó la dama *etc.*

2. Porque hay maridos que tienen *etc.*

[Eso hizo Goya, aquel Goya *etc.*]

Andantino quasi Allegretto

Yo no ol - vi - da - ré en mi vi - da de Go - ya la i -

96

diara, no, ni an-he-la-ra _____ más ven-tu-ras ni di-chas

yo, _____ no en-vi-dia-ra ni an-he-la-ra más ven-

ten.

Estribillo (Refrain)

tu-ras ni di-chas _____ yo. _____

ten.

f

D.S.

La maja dolorosa

número 1
(Tonadilla)

La maja dolorosa número 1

¡Oh muerte cruel! ¿Por qué tú a traición,
mi majo arrebataste a mi pasión?
¡No quiero vivir sin él,
porque es morir así vivir!
No es posible ya sentir más dolor:
en lágrimas desecha mi alma está.
¡Oh Dios, Torna mi amor,
porque es morir así vivir!

The sorrowful maja No. 1

Oh cruel death! Why you to treason
my love snatched away my passion?
I don't want to live without him,
for it is to die to live this way!
It is not possible to feel more pain;
in tears, broken, is my soul.
Oh God! Return my love,
for to die is to live this way!

Fernando Periquet
(1873-1940)

Enrique Granados
(1867-1916)

La maja dolorosa

número 2
(Tonadilla)

La maja dolorosa número 2

¡Ay majo de mi vida, no, no, tú no has muerto!
¿Acaso yo existiese si fuera eso cierto?
¡Quiero loca besar tu boca!
Quiero segura, gozar más de tu ventura.
¡Ay! de tu ventura!
Mas, ¡ay! deliro, sueño: mi majo no existe.
En torno mío el mundo lloroso está y triste.
¡A mí duelo no hallo consuelo!
Mas muerto y frío
siempre el majo será mío. ¡Ay! Siempre mío.

The sorrowful maja No. 2

Ay! Love of my life, no, no, you have not died!
How could I exist if this were true?
I want crazily to kiss your mouth!
I want safely to enjoy more of your happiness.
Ay! of your happiness!
But ay, I rave, dream, my lover doesn't exist.
Around me the world is sobbing and sad.
In my mourning I do not find comfort.
But dead and cold
always the lover will be mine. Ay! Always mine.

Fernando Periquet
(1873-1940)

Enrique Granados
(1867-1916)

La maja dolorosa

número 3
(Tonadilla)

La maja dolorosa número 3

De aquel majo amante que fue mi gloria
guardo anhelante dichosa memoria.
El me adoraba vehemente y fiel.
yo mi vida entera di a él.
Y otras mil diera
si él quisiera,
que en hondos amores
martirios son flores.
Y al recordar mi majo amado
van resurgiendo ensueños
de un tiempo pasado.
Ni en el Mentidero ni en la Florida
majo más majo paseó en la vida.
Bajo el chambergo sus ojos vi
con toda el alma puestos en mí.
Que a quien miraban enamoraban,
pues no hallé en el mundo
mirar más profundo.
Y al recordar mi majo amado
van resurgiendo ensueños
de un tiempo pasado.

The sorrowful maja No. 3

Of that great lover that was my glory
I keep a desirous, happy memory.
He adored me vehemently and loyally.
I my whole life gave to him,
and another thousand would I give,
if he wanted.
In deep love,
martyrs are flowers.
And upon remembering my beloved,
come reappearing illusions
of a time gone by.
Neither in Mentidero nor in Florida
a better majo walked in a lifetime.
Underneath his hat his eyes I saw,
with all his soul, placed on me.
That to whom they looked, they fell in love.
I have never found in the world
a look so deep.
And upon remembering my beloved,
come reappearing illusions
of a time gone by.

Fernando Periquet
(1873-1940)

Enrique Granados
(1867-1916)

que fue mi glo - ria guar-do an - he - lan - te di - cho - sa - me -
ni en la Flo - ri - da ma - jo más ma - jo pa - seó en la

mo - ria. El me a - do - ra - ba ve-he-men - te y fiel. ___
vi - da. Ba - jo el cham - ber - go sus o - jos vi ___

Yo mi vi-da en-te - ra ___ di a él. ___
con to-da el al - ma ___ pues - tos en mi. ___

Yo o - tras mil die - ra si él qui - sie - ra, ___
Que a quien mi - ra - ban e - na - mo - ra - ban, ___

El majo discreto

(Tonadilla)

El majo discreto

Dicen que mi majo es feo.
Es posible que sí que lo sea,
Que amor es deseo que ciega y marea.
Ha tiempo que sé que quien ama no ve.

Mas si no es mi majo un hombre
que por lindo descuelle y asombre,
en cambio es discreto y guarda un secreto
que yo posé en él sabiendo que es fiel.

¿Cuál es el secreto que el majo guardó?
Sería indiscreto contarlo yo.
No poco trabajo costara saber
secretos de un majo con una mujer.
Nació en Lavapies.
¡Eh! ¡Eh! ¡Es un majo, un majo es!

The discreet majo

They say my man is ugly.
It is possible that if he is,
that love is desire that blinds and upsets.
For awhile I've known a lover doesn't see.

But if my lover is not a man
that for his beauty stands out and amazes,
but is discreet and keeps a secret
that I rest in him knowing that he is loyal.

What is the secret that he kept?
It would be indiscreet to tell.
Not a little work would it take to know
secrets of a man with a woman.
He was born in Lavapies.
Eh! Eh! He is a majo, a majo is he.

Fernando Periquet
(1873-1940)

Enrique Granados
(1867-1916)

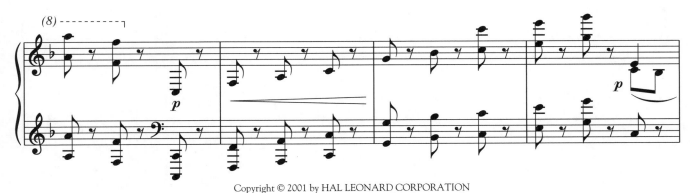

Di - cen que mi ma - jo es fe - - o. Es po -

si - ble que sí que lo se - - a, que a - mor es de - se - o que

cie - ga y ma - re - a. Ha tiem - po que sé que quien a - ma no ve.

Mas si no es

mi __ ma - jo un hom - bre que por lin - do __ des - cue - lle __ y a -

som - bre, en cam - bio es dis - cre - to __ y guar __ da un se - cre - to que

yo po - sé en él __ sa - bien _ do _ que es fiel.

¿Cuál

108

El majo olvidado

(Tonada o Canción)

El majo olvidado

Cuando recuerdes los días pasados
piensa en mí, en mí.
Cuando de flores se llene tu reja
piensa en mí, piensa en mí.
¡Ah!
Cuando en las noches serenas cante el ruiseñor
piensa en el majo olvidado que muere de amor.
¡Pobre del majo olvidado!
¡Qué duro sufrir!
Pues que la ingrata le deje,
no quiere vivir.
¡Ah!

The forgotten majo

When you remember the days gone by,
think of me, of me.
When with flowers fill your window,
think of me, think of me.
Ah!
When in the serene nights sings the nightingale,
think of me, think of me.
Poor forgotten majo!
What hard suffering!
Since the ungrateful left him,
he doesn't want to live.
Ah!

Fernando Periquet
(1873-1940)

Enrique Granados
(1867-1916)

110

El majo tímido

(Tonadilla)

El majo tímido

Llega a mi reja y me mira por
la noche un majo
que en cuanto me ve y suspira, se va
calle abajo.
¡Ay qué tío más tardío!
¡Si así se pasa la vida,
estoy divertida!

The shy majo

A man arrives at my window and looks at me
through the night.
But when he sees me and sighs, he leaves to go
down the street.
Ay! What a late guy.
If thus life passes,
I am amused.

Fernando Periquet
(1873-1940)

Enrique Granados
(1867-1916)

que en cuan-to me ve y sus - pi - ra, se va ca - lle a - ba - jo.

¡Ay qué tí - o más tar - di - o!

¡Si a-si se pa-sa la vi - da, es - toy di - ver - ti - da!

El mirar de la maja

(Tonadilla)

El mirar de la maja

¿Por qué es en mis ojos tan hondo el mirar
que a fin de cortar desdenes y enojos los suelo entornar?
¿Qué fuego dentro llevarán
que si acaso con calor los clavo en mi amor
sonrojo me dan?
Por eso el chispero a quien mi alma dí
al verse ante mí me tira el sombrero
y diceme así: "Mi Maja, no me mires más,
que tus ojos rayos son
y ardiendo en pasión la muerte me dan."

The look of the maja

Why is in my eyes so deep the look?
Trying to cut scorn and anger I tend to close them.
I wonder what fire they carry within
that if by chance with heat I fix them on my love;
they make me blush.
For this, the spark to whom my soul I gave,
upon appearing before me tilts his hat
and says to me: "My Maja! Don't look at me anymore
because your eyes are lightening,
and burning in passion, they give me death."

Fernando Periquet
(1873-1940)

Enrique Granados
(1867-1916)

*The original edition shows no articulation indication (staccato or legato) in the right hand figure until bar 17.

116

El tra la la y el punteado

(Tonadilla)

El tra la la y el punteado	*The tra la la and the plucking*
Es en balde, majo mio,	*It is in vain, my love,*
que sigas hablando,	*that you continue talking,*
porque hay cosas que contesto	*because there are things that in answer*
yo siempre cantando.	*I am always singing.*
Tra la la…	*Tra la la…*
Por más que preguntes tanto,	*The more you ask so much,*
tra la la…	*tra la la…*
en mí no causas quebranto	*in me you don't cause grief,*
ni yo he de salir de mi canto,	*nor do I have to leave my song,*
la la la…	*la la la…*

Fernando Periquet
(1873-1940)

Enrique Granados
(1867-1916)

118

La calle de la paloma

La calle de la paloma

Como nací en la calle de la paloma,
¡Ay! ¡Ay!
Este nombre me dieron de niña en broma;
¡Ay! ¡Ay!
Y como salto alegre de calle en calle,
¡Ay! ¡Ay!
Este nombre me dieron de niña en broma,
¡Ay! ¡Ay!
Y como arrullo paloma soy,
Que brinco y canto por dónde voy,
Con mi nombre de paloma siempre;
Busco un palomo, busco un palomo,
Busco un palomo, ¿Quién será él?

Dove street

Since I was born on Dove Street,
Oh! Oh!
This name they gave me as a girl in jest,
Oh! Oh!
And since I jump happily from street to street,
Oh! Oh!
This name they gave me as a girl in jest,
Oh! Oh!
And because I coo I am a dove,
That hops and sings wherever I go,
With the name Dove always;
I search for a mate, I search for a mate,
I search for a mate, who could he be?

Mexican Folk Song
Arranged by
Edward Kilenyi
(1884-1968)

120

Encantadora María

Encantadora María

Encantadora María,
Yo te amo con ilusión,
¿A quién le daré
las quejas negras de mi corazón?
¡Ay!
Qué triste para él que ama,
¡No tener siquiera ninguna esperanza!
¡Ay! no me haga sufrir así,
Que muriendo estoy de amor, sólo por ti.

Enchanting María

Enchanting María,
I love you with delusion,
To whom will I give
The dark complaints of my heart?
Oh!
How sad for the one that loves,
Not having at all any hope!
Oh! Don't make me suffer so,
Dying I am of love, only for you.

Mexican Folk Song
Arranged by
Edward Kilenyi
(1884-1968)

gras de mi co - ra - zón? _____ ¡Ay! _____

_____ Qué tris-te pa-ra él que a-ma, ¡No te-ner si - quie - ra nin-gu-na es-pe -

ran - za! _____ ¡Ay! _____ no me ha-ga su-frir a -

sí, Que mu-ri - en-do es - toy de a - mor, só-lo por ti. ____

El galán incógnito

El galán incógnito

En noche lóbrega, galán incógnito,
Las calles céntricas atravesó,
Y al pie la clásica ventana dórica,
Posó su cítera, y así cantó:
"Oyeme, sílfide, la luna pálida
Su fulgor niégame, que no se ve.
Y están las bóvedas vertiendo lágrimas,
Y hasta los tuétanos, me calaré."
Pero la sílfide, que oyó este cántico,
Entre las sábanas se refugió,
Y dijo: "Cáscara, que son murciélagos,
Canto romántico, no te abro yo.
Pero es lóbrega, la noche hablaré,
Se van las sílfides a costipar."
"Y están las bóvedas vertiendo lágrimas,
Y hasta los tuétanos, me calaré."

The incognito gallant

On a gloomy night, an incognito gallant,
The center streets did pass,
And at the base of a classic Doric window,
He placed his zither and thus he sang:
"Hear me, sylph, the pale moon
Its light denies me, it can't be seen.
And the heavens are shedding tears
And to my bones I will be drenched."
But the sylph, who heard this song,
Between the sheets did hide,
And said, "Goodness, these are bats
Romantic singer, I'll not open for you.
But it is gloomy, the night I will say
They go, the sylphs, to bed."
"And the heavens are shedding tears
And to my bones I will be drenched."

Mexican Folk Song
Arranged by
Edward Kilenyi
(1884-1968)

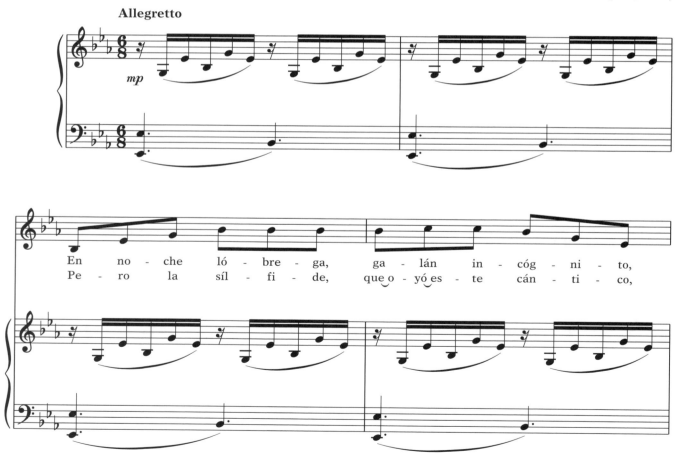

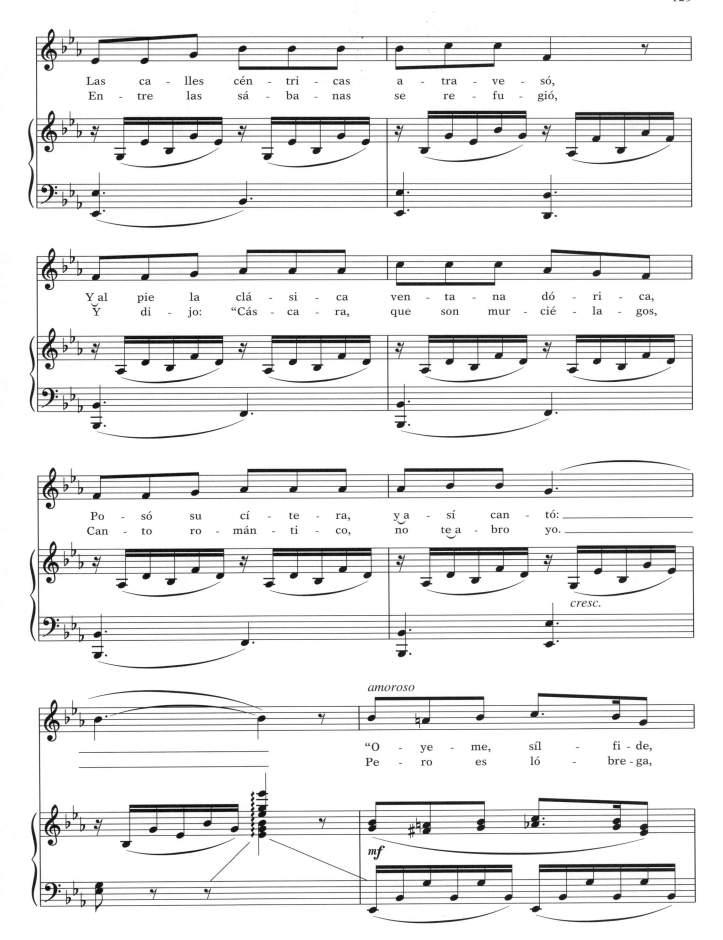

126

Mi sueño

Mi sueño

¡Ay! ¡ sin tu amor moriré, sí mujer!
Porque tú eres ilusión.
Tú le das al corazón,
La ventura que soné.
No me mires así, porque voy a morir,
Pues no puedo vivir, con desprecio de ti.
¡Ay! vuelve tú a mirar, que es mi adoración,
Tener tú con pasión,
¡Angel de amor!
Que aquí vengo a pedir,
E implorar el perdón,
Por si fuese a morir, ¡Adiós, Adiós!

My dream

Oh! Without your love I'll die, indeed my dear!
Because you are a delusion.
You give my heart
The chance of which I dream.
Don't look at me so, because I will die.
Well, I can't live with your scorn
Oh! Look again, which is my adoration
To have you with passion,
Angel of Love!
That here I come to beg
And plead forgiveness,
And if I should die, Farewell, Farewell!

Mexican Folk Song
Arranged by
Edward Kilenyi
(1884-1968)

128

Por - que tú e - res i - lu - sión.

Tú le das

al co - ra - zón,

La ven - tu - ra que so - né.

130

Noche serena

Noche serena

Noche serena de primavera,
Blanca paloma del alba luz:
Noche serena de primavera,
Blanca azucena esa eres tú.
Y al haber yo llegado aquí,
Todo lleno de embeleso,
Recibe ese tierno beso,
Que te mando, para ti.
Campo en invierno,
Flor marchitada,
Noche sin luna,
Negro, turbión.
Flor sin aroma,
Marchitada,
Arbol tronchado,
Eso soy yo.

Serene night

Serene night of spring,
White dove of dawn's light,
Serene night of spring,
White lily, that you are.
And upon my arrival here
Completely full of delight
Receive this tender kiss
That I send you, for you.
Field in winter,
Withered flower,
Night without moonlight,
Dark, turbulent.
Flower without aroma,
Withered,
Tree fallen,
That am I.

Mexican Folk Song
Arranged by
Edward Kilenyi
(1884-1968)

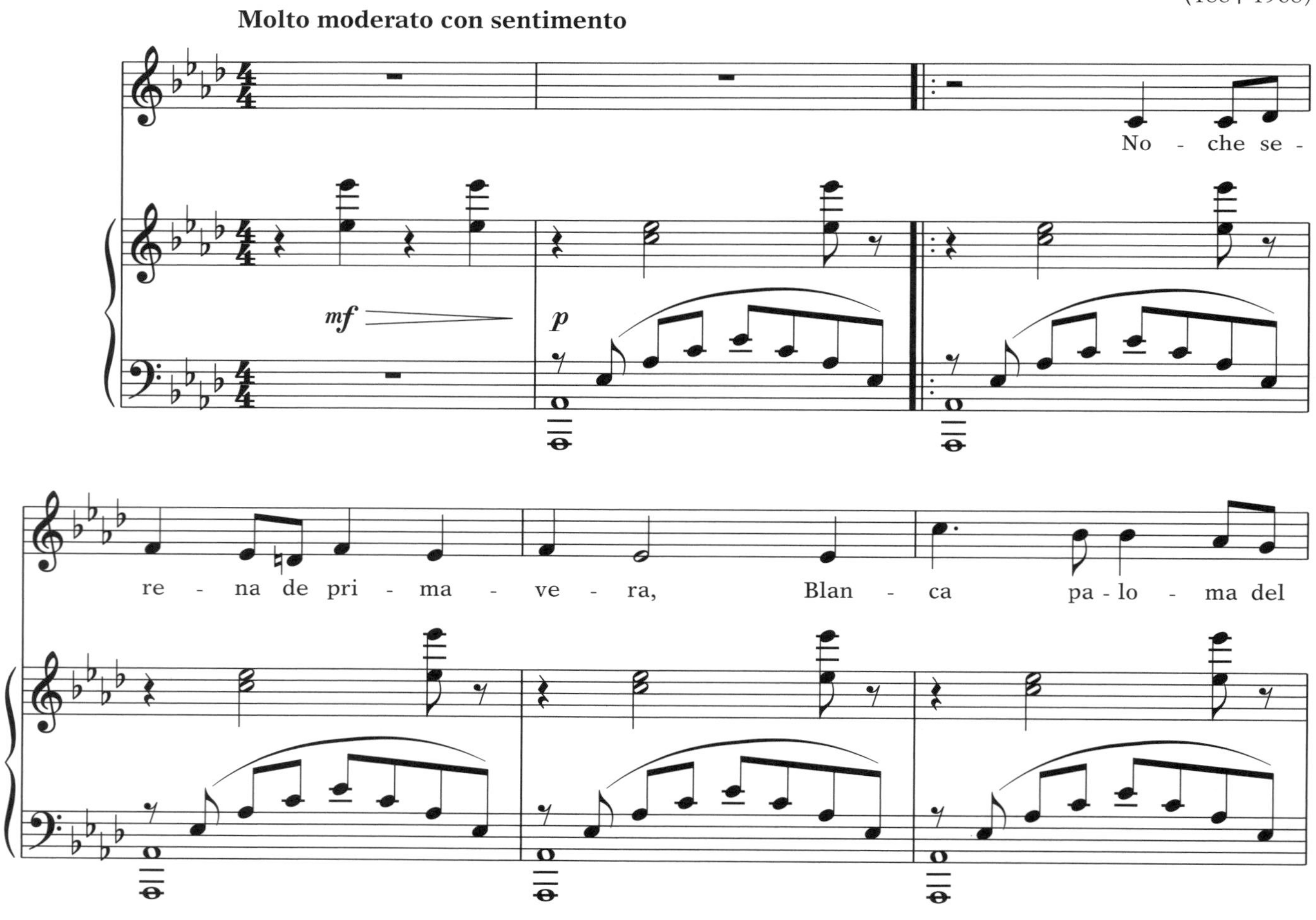

Molto moderato con sentimento

Pregúntale á las estrellas

Pregúntale á las estrellas

Pregúntale a las estrellas,
si no de noche me ven llorar,
Pregúntales si no busco,
para adorarte la soledad.
Pregúntale al manso río,
si el llanto mío no vé correr,
Pregúntale á todo el mundo
si no es profundo mi padecer.
Ya nunca dudes que yo te quiero,
Que por tí muero, loco de amor;
A nadie amas, á nadie quieres,
Oye las quejas,
oye las quejas de mi amor.
Pregúntale á las flores,
si mis amores les cuento yo,
Cuando la callada noche cierra su broche,
suspiro yo,
Pregúntale á las aves,
si tú no sabes lo que es amor,
Pregúntale á todo el prado,
si no he luchado con mi dolor.
Tú bien comprendes, que yo te quiero,
Que por tí muero, solo por tí;
Porque te quiero, bien de mi vida,
Sólo en el mundo, el mundo,
te quiero a ti.

Ask the stars

Ask the stars
If at night they don't see me cry;
Ask them if I don't seek
To adore you in silence.
Ask the gentle river
If my cry it doesn't see flow.
Ask the whole world
If it's not deep, my suffering.
Don't doubt I love you,
That for you I'm dying crazed with love.
You love no one, you want no one.
Listen to the cries,
Listen to the cries of my love.
Ask the flowers
If I tell them my loves,
When the quiet night closes its grip,
Sigh I.
Ask the birds
If you don't know what is love.
Ask the whole meadow
If I have not struggled with my pain.
You understand well, that I love you,
That for you I'm dying only for you,
Because I love you, love of my life.
Only you in the world, the world,
I love you.

Mexican Folk Song
Arranged by
Edward Kilenyi
(1884-1968)

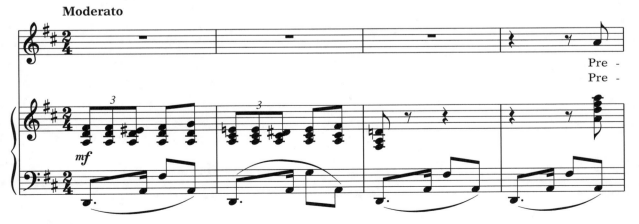

La paloma blanca

La paloma blanca

Yo soy tu paloma blanca,
Tú eres mi pichón azul,
Arrímame tu boquita,
Para hacer cu ru cu ru.
A la jota, jota que baile Jesusito,
A la jota, jota que baile Jesusito,
A la jota, jota que baile Jesusito,
Cu ru cu ru cu ru.

The white dove

I am your white dove
You are my blue pigeon
Draw close to me your mouth
To woo and coo.
To the jota, the jota, that dances Baby Jesus,
To the jota, the jota, that dances Baby Jesus,
To the jota, the jota, that dances Baby Jesus,
Coo, coo, coo,coo,coo coo.

Mexican Folk Song
Arranged by
Edward Kilenyi
(1884-1968)

La seña

La seña

La niña que á mí me quiera,
La niña que á mí me quiera,
Ha de ser con condición,
Y ha de ser con condición.

Que volviéndole á hacer la seña,
¡Pst! ¡Pst!
Que volviéndole á hacer la seña,
Ha de salir al balcón,
Y ha de salir al balcón,
Que volviéndole á hacer la seña,
Ha de contestar,
Ha de contestar,
¡Amor!

The signal

The young woman that loves me,
The young woman that loves me
Must be of character,
And must be of character.

As again I make the signal,
Psst! Psst!
As again I make the signal,
Must come out to the balcony,
Must come out to the balcony,
As again I make the signal,
Must answer,
Must answer,
My Love!

Mexican Folk Song
Arranged by
Edward Kilenyi
(1884-1968)

142

El trobador

El trobador

Yo trobador, yo pobre sin fortuna,
Si te admiro, las gracias que tu tienes;
Yo no te veo, más bella que la luna,
Si te adoro, me perdonas otra vez.
Proscrito yo, en extranjero suelo,
No hay piedad, de un triste trobador;
Proscrito yo, en extranjero suelo,
No hay piedad de un triste trobador.

The troubadour

I am a troubadour, I am poor without treasures.
If I admire you, the graces you have,
I don't see you, more beautiful than the moon.
If I adore you, you will forgive me again.
Exiled I, in a strange land.
There is no pity for a sad troubadour;
Exiled I, in a strange land,
There is no pity for a sad troubadour.

Mexican Folk Song
Arranged by
Edward Kilenyi
(1884-1968)

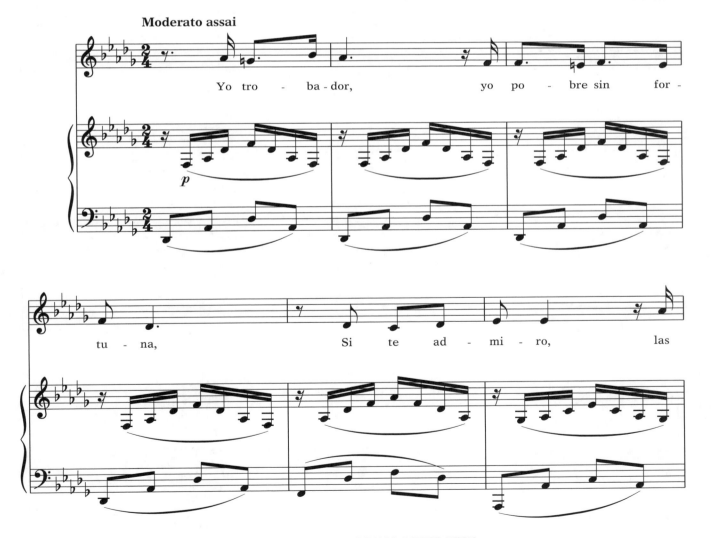

Lágrimas mías

from *El anillo de hierro*

Lágrimas mías

Lágrimas mías en donde estáis
que de mis ojos ya no brotáis.
El fuego ardiente de una pasión
seco ha dejado, ha dejado mi corazón,
seco ha dejado, ha dejado mi corazón.
¡Ay de mi! ¡Ay de mi!
que triste y desolada para llorar,
para llorar, para llorar nací.
Como cayendo las hojas
van a los impulsos del huracán,
así han caído con mi dolor
las ilusiones de tanto, de tanto amor,
las ilusiones de tanto, de tanto amor.
¡Ay de mí! ¡Ay de mí!
qué triste y desolada
no sé porque,
no sé porque,
no sé porque nací.

My tears

My tears wherever you are
From my eyes do not come forth.
The burning fire of a passion
Dry has left, has left my heart.
Dry has left, has left my heart,
Oh my! Oh my!
How sad and abandoned to cry,
To cry, to cry I was born.
Like falling leaves
Go the impulses of the hurricane,
So have fallen, with my pain
The illusions of so much, of so much love,
The illusions of so much, of so much love.
Oh my! Oh my!
How sad and abandoned
I don't know why,
I don't know why,
I don't know why I was born.

D. Marcos Zapata

Pedro Miguel Marqués
(1843-1918)

Andante no mucho pero un poco agitato

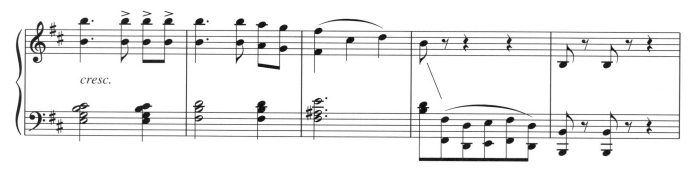

Lá - gri-mas mí - as   en don - de es - táis   que de mis o - jos   ya no bro -

táis.   El fue-go ar - dien - te   de u - na   pa-sión   se - co ha de -

ad libitum
con 8va _ _ _ _ _ _ _

ja - do, ha de - ja - do mi co - ra - zón,   se - co ha de -

8 _

Piú agitato

ja - do, ha de - ja - do mi co - ra-zón.   ¡Ay de mi! _____ ¡Ay de mi!   que

col canto

lor las i - lu - sio - nes de tan - to, de tan -to a-

con 8va *ad libitum*

mor, las i - lu - sio - nes de tan - to, de tan -to a-

col canto

Più agitato

mor. ¡Ay de mí! _____ ¡Ay de mi! qué tris - te y de - so - la - da no sé por-

p

cresc.

que, no sé por - que, no sé por - que na - cí.

cresc. *pp* *ff*

Seguidilla dolorosa de una enamorada

from *Una mesonera y un arriero*

Seguidilla dolorosa de una enamorada	*Painful song of a girl in love*
A los montes me salgo,	*To the hills I depart,*
me salgo por ver si encuentro	*I depart to see if I can find*
un alma que se duela,	*A soul that aches,*
se duela de mi tormento, de mi tormento.	*That aches from my torment, from my torment,*
¡Ay de mi! Que me muero,	*Oh my! I'm dying*
pues se marchó	*because he has left*
y no viene mi amargo dueño.	*And does not come, my bitter master.*

Luis Misón
(1727-1776)

A los mon -tes me sal - go, me sal - go por ver si en -cuen - tro un al - ma que se due - la, se due - la de mi tor -men -

to, de mi _____ tor - men - to. ¡Ay de

mi! Que __ me mue ____ ro,

pues se mar - chó y no vie - ne mi a - mar - go due - no. __

[mp]

Al amor

Canciones clásicas españolas

Al amor	To love
Dame, amor, besos sin cuento	*Give me, love, kisses without count,*
Asido de mis cabellos	*seizing my hair.*
Y mil y ciento tras ellos	*And one thousand one hundred after them*
Y tras ellos mil y ciento	*and after them eleven hundred more*
Y después…	*and after…*
De muchos millares, tres!	*of many thousands, three!*
Y porque nadie lo sienta	*And so that nobody knows it,*
Desbaratemos la cuenta	*let's forget the count*
Y…contemos al revés.	*and …count backwards.*

Words by Cristóbal de Castillejo
17th c.

Fernando Obradors
(1897-1945)

Chiquitita la novia

Canciones clásicas españolas

Chiquitita la novia	*Tiny bride*
¡Ah!	*Ah!*
Chiquitita la novia,	*Tiny the bride,*
Chiquitito el novio,	*tiny the groom,*
Chiquitita la sala	*tiny the living room*
Y el dormitorio,	*and the bedroom,*
Por eso yo quiero	*that's why I want*
Chiquitita la cama	*the tiny bed*
Y el mosquitero	*and the mosquito net.*
¡Ah!	*Ah!*

Letra extraida del
Cancionero Popular

Fernando Obradors
(1897-1945)

Moderato
un poco a piacere

¡Ah!

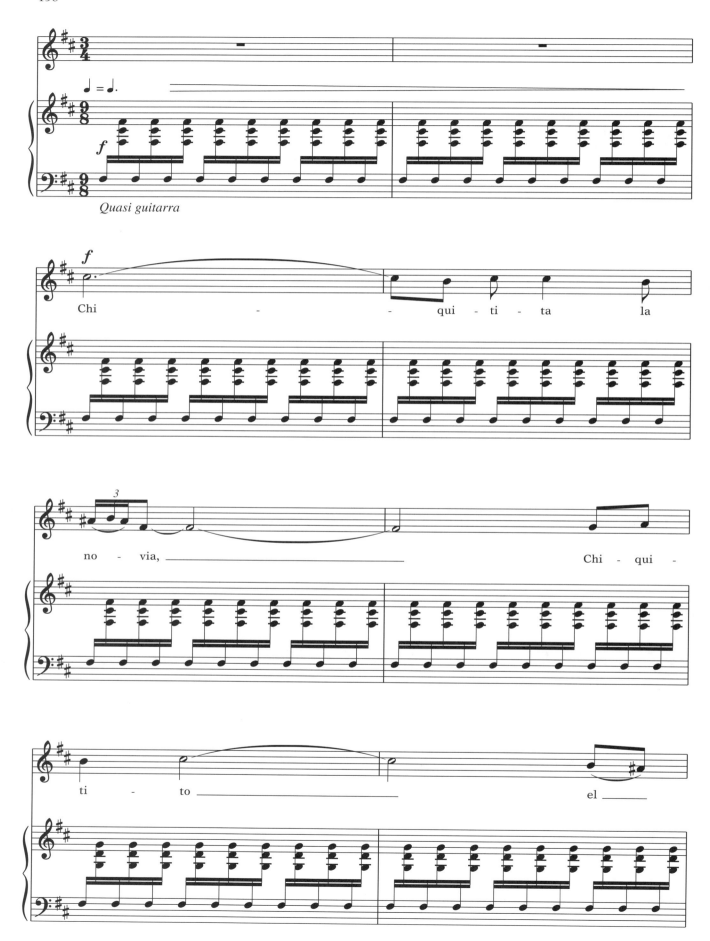

no - vio, _____

Chi - - qui - ti - ta la

sa - la _____ Y el

dor - - mi -

160

162

163

Con amores, la mi madre

Canciones clásicas españolas

Con amores, la mi madre	With love, my mother
Con amores, la mi madre,	With love, my mother,
Con amores me dormí;	with love I fell asleep;
Así dormida soñaba	thus asleep, I was dreaming
Lo que el corazón velaba,	that which my heart was hiding,
Que el amor me consolaba	that love was consoling me
Con más bien que merecí:	with more good than I deserved.
Adormecióme el favor	The aid lulled me to sleep.
Que amor me dio con amor;	What love gave me, with love,
Dio descanso a mi dolor	put to bed my pain by
La fe con que le serví.	the faith with which I served you.
Con amores, la mi madre,	With love, my mother,
Con amores me dormí.	with love I fell asleep.

Words by
Juan Anchieta, 15th c.

Fernando Obradors
(1897-1945)

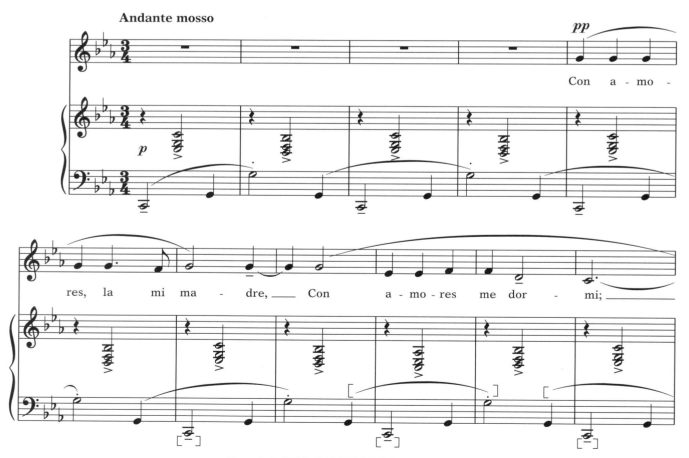

¿Corazón, porqué pasáis…?

Canciones clásicas españolas

¿Corazón, porqué pasáis…?

¿Corazón, porqué pasáis
las noches de amor despierto
si vuestro dueño descansa
en los brazos de otro dueño?
¡Ah!

Heart, why do you pass…?

Heart, why do you pass
the nights of love awake
if your owner rests
in the arms of another master?
Ah!

Anonymous 17th century text

Fernando Obradors
(1897-1945)

Del cabello más sutil

Canciones clásicas españolas

Del cabello más sutil

Del cabello más sutil
Que tienes en tu trenzado
He de hacer una cadena
Para traerte a mi lado.
Una alcarraza en tu casa,
Chiquilla, quisiera ser,
Para besarte en la boca,
Cuando fueras a beber.
¡Ah!

Of the hair most delicate

Of the hair most delicate
that you have in your braids,
I have to make a chain
to bring you to my side.
A jug in your house,
darling, I would like to be
to kiss you on the mouth
when you went to drink.

Fernando Obradors
(1897-1945)

172

El majo celoso

Canciones clásicas españolas

El majo celoso

Del majo que me enamora
He aprendido la queja
Que una y mil veces suspira
Noche tras noche en mi reja:
Lindezas, me muero
De amor loco y fiero
¡quisiera olvidarte
Mas quiero y no puedo!
Le han dicho que en la Pradera
Me han visto con un chispero
Desos de malla de seda
Y chupa de terciopelo.
Majezas, te quiero,
No creas que muero
De amores perdida
Por ese chispero.

The jealous majo

From the man that I love
I have learned the complaint
that one and a thousand times sighs
night after night in my window:
"Darling, I am dying
of love crazy and wild.
How I want to forget you,
but I want to and I cannot!"
They have told him that in the meadow
they have seen me with another,
one of those with silk garments
and a bit of velvet.
Darling, I love you.
Don't believe that I am dying
of helpless love
for the other.

Anonymous 18th century text

Fernando Obradors
(1897-1945)

Del ma - jo que me e - na -
Le han di - cho que en la Pra -

mo - ra *
de - ra *

He a - pren - di - do la
Me han vis - to con un chis -

que - ja
pe - ro

Del ma - jo que me e - na -
Le han di - cho que en la Pra -

seco

f

p

f

3

* A park near Madrid.

mo - ra _____
de - ra _____

seco

He a - pren - di - do la
Me han vis - to con un chis -

que - ja _____
pe - ro _____

Que u - na y mil ve - ces sus
De - sos de ma - lla de

poco a poco rall.

pi - ra _____
se - da _____

No - che tras
Y chu - pa

poco a poco rall.

Ped.   *

La mi sola, Laureola

Canciones clásicas españolas

La mi sola, Laureola

La mi sola, Laureola
La mi sola, sola, sola.
Yo el cautivo Leriano
Aunque mucho estoy ufano
Herido de aquella mano
Que en el mundo es una sola.
La mi sola, Laureola
La mi sola, sola, sola.

My only Laureola

My only Laureola,
My only, only, only.
I, the captive Leriano,
although much I am proud,
wounded by that hand
that in the world is unique.
My only Laureola,
My only, only, only.

Words by Juan Ponce
16th c.

Fernando Obradors
(1897-1945)

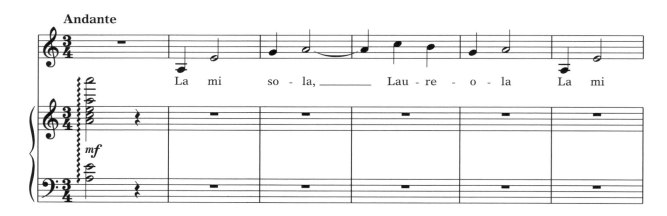

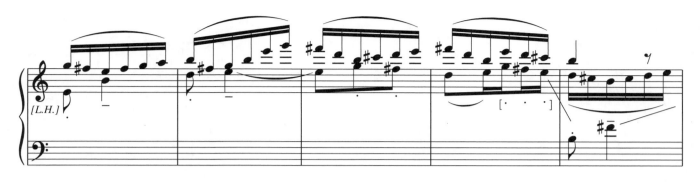

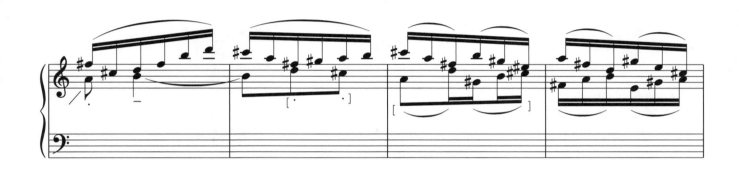

Yo el cau-ti-vo Le-ria - no   Aun-que mu-cho es-toy u-fa - no

180

Amor bendito

Amor bendito

Tienes morena risa amorosa
Que besa el aura con efusión
En esos labios
Que ocultan perlas
brillantes joyas que adoro yo
Yo vi tus ojos una mañana
Nublar la lumbre del astro sol.
Porque hay en ellos
Fuego sagrado
Savia de vida
Llama de amor.
Savia de vida
Llama de amor
Savia de vida
Llama de amor.
¡Ay!
En grato sueño Llamé a la vida
En sueño grato de rosa y luz
Pasó ligera
Y el alma mía
Se fue con ella
Porque ibas tú
Ya se acabaron mis alegrías
Quedo sin alma, Quedo sin tí
Ven con la dicha dulce morena
Ya sí mi alma vuelve hacia tí.

Blessed love

You have, dark girl, a loving laugh
That kisses the breeze with warmth
On those lips
That hide pearls
Brilliant jewels that I adore.
I saw your eyes one morning
Cloud the light of the astral sun,
Because there is in them
Sacred fire,
Essence of life,
Flame of love,
Essence of life,
Flame of love,
Essence of life,
Flame of love.
Oh!
In pleasant sleep I called out to life,
In pleasant sleep of rose and light.
It went by lightly
And my soul
Went with it
Because you were going.
Now has ended my hapiness
I am without a soul, I am without you.
Come with this sweet dark one
Already my soul returns to you.

M. Dessuse

Juan Rios Ovalle

5

Canción picaresca

from *El canaté*

Canción picaresca

Un canapé he comprado esta mañana
y me ha contado todo lo que pasaba
con su dueña primera,
que era madama de cierto cortejante
muy cortejada.
No solo quien descubre
son las criadas
son las criadas,
pues hasta los asientos todo
lo parlan todo
lo parlan todo
lo parlan.
Mi canapé me ha dicho todas las faltas
y sobras que había en la otra casa,
lo que dicen y hacen galán y dama.
Y en especial si encima
de él se sentaban.
Yo voy a referiros
lo que pasaba
entre aquel currutaco y su madama.
Mas como ya es hoy tarde,
lo haré mañana,
lo haré mañana,
lo haré mañana.

Picaresque song

A couch I have bought this morning
Has told me what was going on
With its first owner,
Who was the wife of a certain courtesan
Very courted.
Not only the one who discovers
They are the handmaidens,
They are the handmaidens,
Well even the chairs everything
They speak everything,
They speak everything,
They speak.
My couch has told me all of the errors
And extras there were in the other house.
What say and do a gallant and a lady,
And especially if on top
Of it they sat.
I am going to inform you
What was going on
Between that dandy and his lady.
But since it is late,
I'll do it tomorrow,
I'll do it tomorrow,
I'll do it tomorrow.

José Palomino
(1755-1810)

188

Un ca-na-pé he com-pra - do es - ta ma - ña-na

y me ha con - ta - do to - do lo ____ que pa - sa-

ba con su due-ña pri - me - ra, que e-ra ma - da-ma de cier - to cor - te-

jan - te muy cor - te - ja - da. No so - lo quien des-

sa, lo que di - cen y ha - cen ga - lán y da - ma.

[poco rit.]

Y en es - pe - cial si en ci - ma ___ de él ___ se sen - ta -

[a tempo]

ban. Yo voy a re - fe - ri - ros lo que pa - sa - ba en - tre a-quel cu - rru -

ta - co y su ma - da - ma. Mas co - mo ya es hoy

Seguidillas religiosas

from *La letra de Constantino*

Seguidillas religiosas

Tres personas en una te muestra el cielo
te muestra el cielo,
que en tres personas caben
muchos misterios;
que en tres personas caben muchos
muchos misterios;
y aunque se oculten,
está en Roma la sede sí
Sí que los promulgue
que los promulgue.

Sé fiel a tres virtudes en este mundo
en este mundo:
caridad, esperanza y fe
y fe del justo;
si es que pretendes,
lograr eterna gloria sí
Sí tras de tu muerte
tras de tu muerte.

Religious seguidillas

Three persons in one show you heaven,
Show you heaven,
That in three persons lie
Many mysteries;
That in three persons lie many,
Many mysteries;
And although they may be hidden,
In Rome is the key, yes,
Yes that they be revealed,
That they be revealed.

Be true to three virtues in this world,
In this world:
Love, hope and faith,
And faith of the just.
If it is that you aim,
To achieve eternal glory, yes,
Yes after your death,
After your death.

Manuel Pla
(d. 1766)

194

se - de, es - tá en Ro - ma la se - de sí ____ Sí
glo - ria, lo - grar e - ter - na glo - ria sí ____ Sí

que - los __ pro - mul - gue que los __ pro - mul - gue.
tras de __ tu __ muer - te tras de __ tu __ muer - te.

Canción contra las madamitas gorgoriteadoras

from *El recitado*

Canción contra las madamitas gorgoriteadoras

Yo señores míos,
soy un tuno tal
Más tuno no lo encontrarán,
No lo encontrarán.
A todas las niñas me gusta embromar,
con pimienta a unas, ya otras con sal,
ya otras con sal.
Aquellas que en todo más gracia
me dan son las que más suelen gorgoritear.
¡Ah! Es esto primura
¡Ah! Que tiene su aquel y es esto
garganta que pide un cordel,
que pide un cordel.

A cierta madama la voy ahora a ver.
La quiero, la adoro con todo mi aquel,
con todo mi aquel.
Es muy primorosa, feligrana es,
pues canta italiano
y viste a la dernier.
Del gusto a lo chairo
quiere algo aprender,
y yo de su estilo quiero algo coger.
¡Ah! De fijo, de fijo
¡Ah! Con ello saldré.
Agur, caballeros.
Después volveré,
despés volveré.

Song against the trilling ladies

I, dear sirs
Am such a singer of songs
One better you will not find
You will not find.
With the young girls I like to joke,
With pepper some, others with salt,
Others with salt.
Those that more pleasure
Give me are those who like to trill.
Oh! this is pleasure,
Oh! that has its charm,
A throat yearning for a chord,
Yearning for a chord.

A certain lady I'm going to see.
I love her, adore her with all my heart,
With all my heart.
She is so elegant and carefree,
So she sings in Italian
And dresses in the latest style.
Because of her taste for fashion,
She wants to learn something
And I her style want to catch.
Oh! Surely, surely,
Oh! With this I shall leave.
Farewell, gentlemen
Afterwards I shall return,
Afterwards I shall return.

Antonio Rosales
(1740-1801)

Yo,

se - ño - res mí - os, soy un tu - no tal _____ que
cier - ta ma - da - ma la voy aho - ra a ver. _____ La

tu - no Más tu - no no lo en - con - tra - rán, ____
quie - ro, la a - do - ro con to - do mi a - quel, ____

198

Rima

Rima	Verse
Yo soy ardiente,	*I am burning,*
yo soy morena,	*I am a brunette,*
yo soy el símbolo de la pasión,	*I am the symbol of passion,*
Yo soy ardiente,	*I am burning,*
yo soy morena,	*I am a brunette,*
de ansias de goces	*With desire for pleasure,*
mi alma está llena.	*My soul is full.*
¿A mí me buscas?	*For me you are searching?*
—No, es a ti, no.	*Not for you, no.*
—Mi frente es pálida,	*My forehead is pale,*
mis trenzas de oro,	*My curls of gold,*
puedo brindarte dichas sin fin,	*I can offer you happiness without end.*
yo de ternura guardo un tesoro.	*I with tenderness keep a treasure.*
¿A mí me llamas?	*For me you are calling?*
—No, no es a ti.	*No, not for you.*
—Yo soy un sueño,	*I am a dream,*
un imposible, vano fantasma	*An impossible hollow ghost*
de niebla y luz;	*Of mist and light.*
soy incorpórea,	*I am without a body,*
soy intangible:	*I am untouchable.*
no puedo amarte.	*I cannot love you.*
—Oh, ven;	*Oh! Come!*
ven tú!	*Come!*
¡Oh! ven:	*Oh! Come!*
ven tú!	*Come!*
¡Ven tú!	*Come!*

Gustavo Adolfo Bécquer
(1836-1870)

Joaquín Turina
(1882-1949)

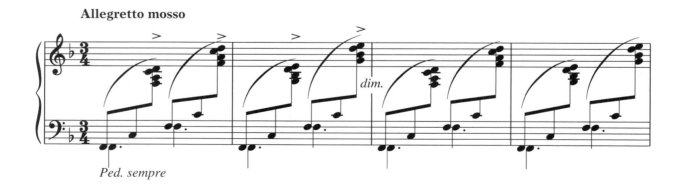

¿A mí me bus - cas? —No, es a ti, no.

—Mi fren-te es pá - li-da, mis tren-zas de o - ro, pue-do brin-dar - te di-chas sin fin, yo de ter-

dim.

tètro

Più lento

espressivo

marcato

una corda e molto sostenuto

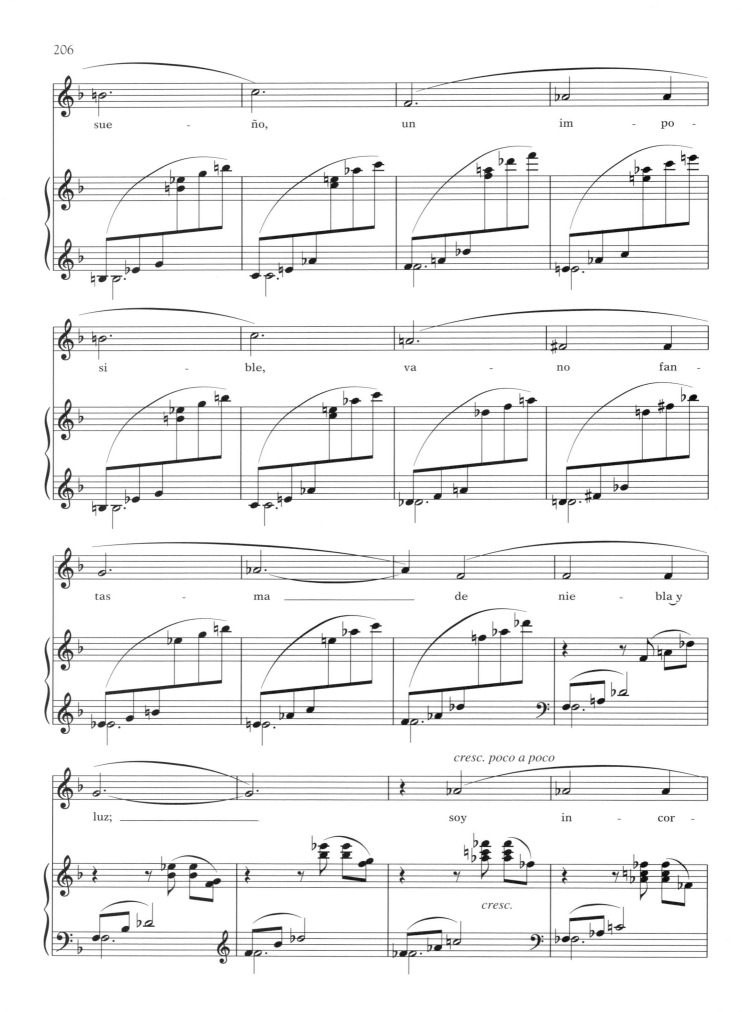

208

Canción de tímida

from *El apasionado*

Canción de tímida

Quiero cantaros,
señores míos,
cuatro palabras por divertiros
cuatro palabras por divertiros.
Mas si no logro
lo que pretendo,
disimuladme como discretos,
disimuladme como discretos.

Que ya se ve
que claro está
que cierto es
que no sé más.
Si no les gusta,
luego me iré;
mas porque callan,
proseguiré.

Sepan señores,
que lá otra tarde
tuve el capricho de ir a pasearme
tuve el capricho de ir a pasearme.
Cuando ya estaba muy peripuesta,
veo que suben por la escalera,
veo que suben por la escalera.

Llaman por mí.
Yo voy allá
a ver quién es.
Y claro está...
Mas no les digo
lo que pasó.
Me da vergüenza,
Así soy yo.

Song of the timid maiden

I want to sing to you,
Dear sirs
A few words to amuse you,
A few words to amuse you.
But if I do not achieve
What I claim to do
Pardon me discreetly,
Pardon me discreetly.

Now one can see
That clearly
It is true
That I know not more.
If you don't like it
Then I shall depart.
But because you're quiet
I shall continue.

Know, sirs,
That the other afternoon
I fancied taking a walk,
I fancied taking a walk.
And when I was all dressed up
I see them climb the staircase,
I see them climb the staircase.

They call for me.
I am going there
To see who it is.
And it is certain
But I will not tell you
What happened.
I am bashful,
That's the way I am.

Jacinto Y La Calle Valledor
(1744-1809)

210

Quie - ro can - ta - ros, se - ño - res mí - os,
Se - pan, se - ño - res, que la o - tra tar - de

cua - tro pa - la - bras___ por di - ver - ti - ros
tu - ve el ca - pri - cho___ de ir a pa - se - ar - me

cua - tro pa - la - bras___ por di - ver - ti - ros.
tu - ve el ca - pri - cho___ de ir a pa - sear - me.

Mas si no lo - gro lo que pre - ten - do,
Cuan - do ya es - ta - ba muy pe - ri - pues - ta,

di - si - mu - lad - me___ co - mo dis - cre - tos,
ve - o que su - ben___ por la es - ca - le - ra,

212

di - si - mu - lad - me ____ co - mo dis - cre - tos.

ve - o que su - ben ____ por la es - ca - le - ra.

Que ya se

Lla - man por

ve ____ que cla - ro es - tá ____

mi. ____ Yo voy a - llá ____

que cier - to es

a ver quien es.

que no sé

Y cla - ro es -

más.
tá...
Si no les gus - ta,
Mas no les di - go

lue - go me i - ré; _____
lo que pa - só. _____
mas por - que
Me da ver -

ca - llan,
güen - za,
pro - se - gui - ré.
A - sí soy yo.

About the Accompaniments

We've made every effort to choose a reasonable tempo for the recorded piano accompaniments, based on performance precedents. Other tempos could be explored for individual interpretations. We also deliberately attempted to make the accompaniment recordings musically alive, incorporating rubato, ritardandos, accelerandos, and dynamics to inspire a spirited performance. Nevertheless, by the very nature of recording, ours is only one interpretation.

Ideally, you will be using these recorded accompaniments for practice only. You will come up with a more individual interpretation, conjured from the ground up in the manner in which all the best artists work, if you learn the song on your own, built into your unique singing voice, without imitating a recorded performance.

We could have chosen technological options in recording these accompaniments, using MIDI or other devices. These were rejected on aesthetic grounds as being inappropriate to art music. The accompaniments were played on a Yamaha concert grand piano.

See the article "About the Enhanced CDs" for options in transpositions and changing tempos.

Richard Walters
Series Editor and Producer

About the Pianist

Laura Ward has recorded more piano accompaniments than any other pianist, with nearly 2000 tracks to her credit. Her recordings include twenty volumes in *The First Book of Solos* series (G. Schirmer), eight volumes of *Easy Songs for Beginning Singers* (G. Schirmer), *The First Book of Broadway Solos* series (four volumes, Hal Leonard), five volumes of *Standard Vocal Literature* (Hal Leonard, *The Vocal Library*), eleven other volumes in *The Vocal Library*, *The New Imperial Edition* (six volumes, Boosey & Hawkes), and various other collections. She has been a vocal coach and collaborative pianist at the Washington Opera, the Academy of Vocal Arts, the Ravinia Festival, the Music Academy of the West, the Blossom Festival, the University of Maryland, and Temple University. She is the official pianist for the Washington International Vocal competition and the Marian Anderson Award. She has performed at several international music festivals such as the Spoleto Festival in Spoleto, Italy and the Colmar International Music Festival and Saint Denis Festival in France. A native of Texas, Laura received her Bachelor of Music degree from Baylor University, Master of Music degree in Piano Accompanying at the Cincinnati College-Conservatory of Music and a Doctor of Musical Arts in Piano Accompanying from the University of Michigan with Martin Katz. There she was pianist for the Contemporary Directions Ensemble and she performed with the Ann Arbor Symphony. She is co-editor of *Richard Strauss: 40 Songs*, *Gabriel Fauré: 50 Songs*, and *Johannes Brahms: 75 Songs*. She is co-founder and pianist for Lyric Fest, a dynamic and creative song series in Philadelphia.

About the Enhanced CDs

In addition to piano accompaniments playable on both your CD player and computer, these enhanced CDs also include tempo and pitch adjustment software for computer use only. This software, known as the Amazing Slow Downer, was originally created for use in pop music to allow singers and players the freedom to independently adjust both tempo and pitch elements. Because we believe there may be valuable educational use for these features in classical and theatre music, we have included this software as a tool for both the teacher and student. For quick and easy installation instructions of this software please see below.

In recording a piano accompaniment we necessarily must choose one tempo. Our choice of tempo, phrasing, ritardandos, and dynamics is carefully considered. But by the nature of recording, it is only one choice. Similar to our choice of tempo, much thought and research has gone into our choice of key for each song.

However, we encourage you to explore your own interpretive ideas, which may differ from our recordings. This new software feature allows you to adjust the tempo up and down without affecting the pitch. Likewise, the Amazing Slow Downer allows you to shift pitch up and down without affecting the tempo. We recommend that these new tempo and pitch adjustment features be used with care and insight. Ideally, you will be using these recorded accompaniments and the Amazing Slow Downer for practice only.

The audio quality may be somewhat compromised when played through the Amazing Slow Downer. This compromise in quality will not be a factor in playing the CD audio track on a normal CD player or through another audio computer program.

INSTALLATION FROM DOWNLOAD:

For Windows (XP, Vista or 7):
1. Download and save the .zip file to your hard drive.
2. Extract the .zip file.
3. Open the "ASD Lite" folder.
4. Double-click "setup.exe" to run the installer and follow the on-screen instructions.

For Macintosh (OSX 10.4 and up):
1. Download and save the .dmg file to your hard drive.
2. Double-click the .dmg file to mount the "ASD Lite" volume.
3. Double-click the "ASD Lite" volume to see its contents.
4. Drag the "ASD Lite" application into the Application folder.

INSTALLATION FROM CD:

For Windows (XP, Vista or 7):
1. Load the CD-ROM into your CD-ROM drive.
2. Open your CD-ROM drive. You should see a folder named "Amazing Slow Downer." If you only see a list of tracks, you are looking at the audio portion of the disk and most likely do not have a multi-session capable CD-ROM.
3. Open the "Amazing Slow Downer" folder.
4. Double-click "setup.exe" to install the software from the CD-ROM to your hard disk. Follow the on-screen instructions to complete installation.
5. Go to "Start," "Programs" and find the "Amazing Slow Downer Lite" application. Note: To guarantee access to the CD-ROM drive, the user should be logged in as the "Administrator."

For Macintosh (OSX 10.4 or higher):
1. Load the CD-ROM into your CD-ROM drive.
2. Double-click on the data portion of the CD-ROM (which will have the Hal Leonard icon in red and be named as the book).
3. Open the "Amazing OS X" folder.
4. Double-click the "ASD Lite" application icon to run the software from the CD-ROM, or copy this file to your hard drive and run it from there.

MINIMUM SOFTWARE REQUIREMENTS:

For Windows (XP, Vista or 7):
Pentium Processor: Windows XP, Vista, or 7; 8 MB Application RAM; 8x Multi-Session CD-ROM drive

For Macintosh (OS X 10.4 or higher):
Power Macintosh or Intel Processor; Mac OS X 10.4 or higher; 8 MB Application RAM; 8x Multi-Session CD-ROM drive